女三代の「遺言」

女三代の「遺言」

――あるファミリーにつらなる物語

武田尚子

水声社

目次

追憶のエッセイ　201

あとがき　219

母と祖母にこの本を捧げる

昭和 35 年（1960）元旦，自宅前でそろって着物姿

まえがき　「よりどころ」を求めて

僭越にも私自身のファミリーヒストリーを書きたい、遺したいと思うようになってから随分時間が経つ。

前著『もう一つの衣服、ホームウエア――家で着るアパレル史』（みすず書房）では、アパレルの中でもナイトウエアやラウンジウエア、ルームウエアといわれる分野、家の中で着る衣服の変遷に焦点を当てた。その分野をあえて「ホームウエア」としたのは、私自身のファミリーヒストリー執筆の構想が既にあったからである。

「ホーム（home）」は「居場所」であり、「よりどころ」「帰るべきところ」である。我が家の玄関外に敷かれたマットは、外から帰ってくる時には“home”、反対に、家から出かける時には“away”と読めるようにデザインされたもので、私はちょっと気にいっている。あなたにとっての「ホーム」は？と問えば、家、家族、宗教、コミュニティと、人によってさまざまであろう。

それにしても、無名の人間のファミリーヒストリーに興味をもっていただけるだろうか。常にその危惧を持ちながら、それでも書きたい、書かなければならない、伝えたいと思い続けてまとめたのが、この本である。

子供のころから家や親戚の話はよく耳にする環境にあったから、もともとファミリーヒストリーには馴染みがあった。だが、真剣に向き合うようになったのは二〇一五年以降、両親をあの世に送ってからのことである。

古いものを整理する中で、我が家にたくさん残された写真や資料を見る機会が増えた。また、親戚との交流が増えるにつれて家系相関図も頭に刷り込まれ、次第に多くの人の顔とその関係が一致するようになっていった。明治時代、大正時代のものも私にとっては非常に身近に感じられ、古い写真の中の人々も、私の中ではいきいきとした生身の人間に感じられるようになったのだ。

以前は耳を素通りしていたことも、そういえば母が、祖母が、そんな話をしていたなと、あれやこれや思い出し、いろいろなことがつながるようになったというわけだ。複雑な親戚関係であるが、祖母の時代はもちろんのこと、母が晩年に至るまで同世代の親戚と密な付き合いをしていたおかげである。

母はものを書きとめることが好きで、非常に筆まめであった。九十歳の最期まで頭脳はしっかりしていて、ガン末期にあっても、どうか（文字を書く）右手だけは麻痺しませんようにと、祈っていたほどである。

私がファミリーヒストリーを書くことを予測していたのか、期待していたのか、主に七十歳代以降、自分で少しずつ書きまとめたノートをはじめ、母は私に託すように、多くの記録を残してくれた。そういう母の思いの底に流れていたのは、娘たちが「根無し草」にならないようにというものだったといっていい。

さらに、先述の前著『もう一つの衣服、ホームウエア——家で着るアパレル史』を上梓した時、同級生の一人が、「もっとお祖母やお母様のことを書いていただきたい」と言ってくれたことも、大きな励ましになった。


こういう些細な「個」の歴史というものは、誰かが記録しなければ、それ以上に少しでも多くの人に知っていただかなければ、そのうちに消えていくものである。

これこそ「私に課せられた役割」ではないか——。そう思うようになったのは、家の歴史そのものが母や祖母にとっての生きる「よりどころ」であったからである。それは私自身のアイデンティティにもつながるものであり、残された人生をどう生きるか、まさに私自身の「よりどころ」を探す旅でもあるのだ。

単なる史実としてのファミリーヒストリーではなく、私から見た一族の歴史を書き進めてみようと思う。この中には、時代と共に変化してきた日本の女性の歴史も反映されているはずだ。「個」を「普遍化」することこそ、私のライフワークであることを再認識している。

最後までおつきあいいただけるとうれしい。

序章　「武田」という姓にこめられているもの

明治政府が定めた夫婦同姓制度が今も続く中で、結婚後の姓についての論議が時々わきおこる。ジェンダー平等が叫ばれる中ではなおさらのことだ。一部の親しい人をのぞき、お互いを姓で呼び合う習慣が根付いている日本の社会では、姓は自身のアイデンティティとも直結する問題となっている。だいたい名前というものはその人の運勢にかなりの影響を与える。いや決定するといっても言い過ぎではないかもしれない。占いの類はたいてい名前（姓・名）や誕生日が基本になっているし、姓名判断というものも相変わらず人気がある。

名前に関しては、今年（二〇二四年）の初頭に衝撃的なことがあった。一九七〇年代に起きた連続企業爆破事件で長年にわたって指名手配され、その顔写真が方々に貼られていた男が、「最期は本名で死にたい」と入院先の病院で告白したというのだ。半世紀も偽名で暮らしていた男の、最期の願いがこれだったとは。名前とは何か、その重さを感じるニュースだった。

私は姓が変わった経験が一度もない。姓が変わるというのはどういう感じなのかと改めて想像してみても、私は「武田」以外は考えられなかったような気がする。昔から「武田さん」と呼ばれ続けてきたから、この名前には愛着のようなものがある。決して嫌いではない。

ただ、「武田」も「尚子」もあまり珍しい名前ではなく、何らかのものを書いている方だけでも同姓同名が五名ほどいらっしゃり、アマゾンで名前を検索するとけっこう多くの著書がずらっと出て来る。そのどれもが自著のような気がして、寡作な私はなんだかうれしくなるのだ。

私の周りでは、結婚して姓が変わっても、仕事の場面では旧姓を通すというケースが少なくない。若いうちに姓が変われば慣れるのは早くても、ある程度の仕事のキャリアを積んでから姓を変えるのはいろいろ不都合があるからだろう。また一方で、離婚したとしても（主に子供のためを思って）結婚相手の姓を使い続けるという人もいて、それぞれに事情や考え方があるものだ。

私の「武田」という姓は、母方の姓である。したがってこのファミリーヒストリーも父方ではなく母方のそれを指す。

誰にも母方と父方、双方の歴史があって、ややこしくからみあっている。我が家の場合は、父方がほとんど不明なのに対し、母方はかなり歴史をさかのぼることができる。

私の父は、妻（つまり私の母）の姓を選んだ。当時としてはかなりの少数派だったと思う。昭和二十二年（一九四七）の民法改正でそれが可能になってからまだ十年も経っていなかったことを、最近、NHKの朝ドラ『虎に翼』で知った。

いわゆる家を継ぐ婿養子というのとも少し違う。結婚当初、父は母の両親と同居していたが、祖母は再婚していたので既に「武田」姓ではなかった。父は姓が変わることにあまり抵抗がなかったように見受けられる。父の旧姓「佐藤」がありふれていたから、それ以上に気楽な次男坊だったから、歴史好きで武田家に興味があったからとか、いろいろ理由はあるだろうが、父自身もあまり深く考えていなかったような気がする。そもそも父は早くに父親を亡くしていたのに加え、家族は樺太からの引揚者だったこともあって、自分の家系に対するこだわりがあまりなかったように思う。病院や施設では名前を聞かれる機会が多いものだが、晩年にアルツハイマー認知症が進んでからも、名前だけは「武田良二」とはっきり答え、それを母は何か感慨深く見ていた。

そんな母は、姓と戸籍が何度か変わっている。「上野」（母・武田キミが上野家に嫁ぐ）で生まれ、

「武田」（父の死亡により母の旧姓である「武田」にもどったが、その後、母の再婚先の戸籍には入らず、祖父「武田」の養女に入るという具合に戸籍は変化）となり、短期間結婚して「島津」になり、そしてまた「武田」（祖父の家とは分かれ、自分だけの独立した戸籍を持つ）にもどった。こう書いていても、なんと複雑か。私がこの変遷の事実を正確に知るようになるのは、母の死後、相続の手続きを通してのことである。

この戸籍の変遷を見てもわかるように、母にとって「武田」という姓はまさにアイデンティティであった。父が亡くなってからもこんなことをよく話していた。

「パパは頼みもしないのに、なぜ『武田』の姓に変わったのだろうね

「パパはなぜ私の戸籍を疑おうとしなかったのだろうね」

自分がかつて短期間、結婚していたことを父には話していない、つまり父は知らなかったというわけだ。その真意はともかく、娘に詳細を話すことなく、「あとは、よろしく」という感じで逝ってしまった。父が亡くなって九か月後である。

母が亡くなって直後はそれほどの驚きがなかった私も、徐々に母の名前に対する複雑な思いが実感として伝わってきたのである。

母の戸籍名は「武田ウタ」だが、長い間、そこから逃げようとしていた節がある。姓だけではなく、名の問題も大きい。若い頃から「ウタ」「うた」「歌」「歌子」といろいろな書き方をしてきたようだが、後半人生においては普段は「武田歌子」で通していた。戸籍名「ウタ」はあまり好きではなかった。

祖母も戸籍名は「キミ」だが、自分では「きみ」と書いたり、漢字で「君」とも書いたりしている。名前というのは時代背景があって、女性の名前はカタカナが多い時代があったが、平仮名や漢字でも自由に使うようなところがあった。さらに接尾辞「子」については、一般庶民はあえて「子」を控える傾向があったようだが、戸籍名に「子」がついていなくても、母や祖母のように通常、人からは「子」を付けて呼ばれていた。昔は、「子」は自ら名乗るものではなく、相手のことを敬っていうような使い方だった面もある。私の生まれた昭和三十年代前半は「子」がつく名前が多数派であったが、その後は徐々に減り、今や「子」のつく名前は完全に少数派になっている。

女性だけではなく、男性もかつては正式な名前と通称があり、生まれた時と成人した時とが違ったり、また仏教的、学問的に名前が授けられたりもしていて、いくつも名前を持っているから実にややこしい。

加えて、姓「武田」の呼び方も「たけだ」と「たけた」があり、どこに根拠があるのかよくわからないが、「本当は『たけた』が正しい」らしい。本来はにごらないが、言いやすく濁るのが通称になっているというわけだろう。例えば「高田さん」「中島さん」の呼び方が濁るかどうか二通りあるのと同じである。

これには思い出があり、いつか父母と一緒に海外旅行をした時に、どこかの国の入管時、パスポートを見ながら「親子なのにどうして名前がTAKEDAとTAKETAと違うのか」と聞かれて、説明に困ったことを覚えている。私はずっと「TAKEDA」で通してしまっている。

それ以上に困ったのは、母が亡くなった後の銀行口座の解約だ。姓も名もいったいどれで申請していたのかわからないことに加え、それを解約にいく長女の私との姓の違いで、手続きにはかなりてこずった。

さらに、母はけっこう会社勤めをしたのに自分に支払われる年金が予想より少ないことを嘆いていたが、きっと名前が一致せずにもれていたものが少なくなかったからにちがいない。実際に、母がもうあまり外出できなくなっていた頃、母の代理で（父が亡くなった後の）遺族年金の手続きだったか何かで年金事務所に行った時のこと。窓口の人がPC画面を見ながら、最後のチャンスといわんばかりに、生年月日が同じで名前が異なるデータがいくつかあるので、仕事していた企業の社名を言ってほしいといわれたのだが、母は電話口でその社名を思い出すことができなかった。結局、それは諦めたのだが、私が家に帰りついた頃にようやくその名を思い出していた。おそらく母にとっては嫌な思い出の多い仕事で、記憶の中から抹消しようとしていたに違いない。なんとも切ない話であった。

そんな母も最期はきっぱりと、「墓名には『武田歌子』と入れてほしい」と何度も念を押すように私に伝えた。母にとって戸籍名「ウタ」には苦い思い出があるのと同時に、結局は母の人生にとって「武田」という姓がよりどころであったような気がする。

母の死後、その武田、武田の家をめぐるいくつかのストーリーに私は出会うことになるのだった。

第一章 武田家の歴史をたどる

「若狭武田」から熊本・高森へ

「武田」といえば、誰でもすぐに連想するのが「武田信玄」である。いわゆる歴史物にはめっぽう弱く、大河ドラマなどもほとんど観ない（今年の『光る君へ』だけは例外）私にとっては、実はそこには知識も思い入れもあまりない。ことに戦国時代が苦手だ。

「武田」と一言でいってもいくつかの流れがあるのだが、その中でも我が家の祖先といえるのは「若狭武田」である。もともとは信玄の「甲斐武田」からスタートしているが、「甲斐武田」から「安芸武田」が分立し、さらに「安芸武田」から「若狭武田」が分立したとされている。中世のことだから常にあちらこちらで戦をしていて、その変化も複雑怪奇で、系図もまちまち。どこからどこまでが「若狭武田」なのかいろいろな説があるようだが、一応、その祖といわれるのは「信繁」の子の「信賢」で、その兄（父？）の「信栄」を初代とする見方が一般的のようで、それは九代の「元明」まで続いたとされる（後述の「若州武田家系図」には詳細な記載がない）。

小田原城の天守閣内の展示に、戦国時代の全国勢力図を表したものがあるのを以前に見たのだが、福井（若狭）のところはあまりに変化が激しかったためか、あいまいな記述がされていたのが印象的だった。

高校時代に祖母から聞き書き

私は中学から八年間、自由学園という個性的な私学一貫校に通った。その高校一年生の時に、何の授業だったのか、「我家の百年の歴史」を書くという夏休みの課題があった。担任だった山室光子先生（救世軍司令官・山室軍平の次女で、自由学園卒業後にヨーロッパで学び、美術教育の発展に寄与した）から「歴史ある家」の例といわれ、皆の前で読んだ記憶がある。

これは当時、一緒に暮らしていた祖母が話してくれたことを、四〇〇字詰め原稿用紙八枚ほどにまとめたもので、いわゆる聞き書きだ。我ながら今の自分では考えられないほど神経質で頼りない字なのだが、それはこんなふうに始まっている。

先祖附によれば、武田大和守《たけだやまとのかみ》が若狭国宮川庄《わかさのくにみやかわのしょう》大谷（現福井県小浜市内）に居城していたが、永禄年中に若狭を出て熊本の阿蘇神社の大宮司に頼んで阿蘇南郷の加固位《かこい》の岩に居城するようになった。薩摩勢に攻められ、城主高森伊豫守《たかもりいよのかみ》は天正十四年正月二十三日に落城し切腹した。武田一族は奮戦の後、皆、討死した。しかし、曾孫の幼児が一人残り乳母に育てられて成人した。もしこの人が生きていなかったら武田家はなくなって、今の私もいなかったのだろう。寛永に細川公が熊本藩主になり、高森へきて高森の屋敷に泊まり、武田といろいろ話をした事で後に熊本へ召し出された。

ただ、若狭から熊本の高森に来た武田の系譜は三家あることが、郷土史家の論文（圭室文雄「市井の郷土史家の手記（一）～本田秀行筆記～」明治大学教養論集・通巻二七九号）にある。三家とは、武田忠蛇家（武田大和守元実系）、武田七郎次家（武田源四郎系）、武田一蔵家（武田儀右衛門元堅系）で、それぞれに所伝があるのだが、少しずつ異なる。その中で祖母の口述の許と思われるのが「武田一蔵家」で、本田氏は次のように記してある。

私の先祖は武田大和守で、若狭（現小浜市内）宮川荘を領し大谷に居城していたが、故あって永禄年中若狭を出て肥後に下り暫く河尻に居住した由、乱世の時であるので一子武田大蔵は阿蘇大宮司に頼み南郷高森加固位の岩に居城いたした。薩摩（島津）と攻戦の時高森伊豫守惟居と心を合わせ高森本城の山城に籠城いたした。薩摩勢が城を攻囲し天正十四年正月廿三日終に落城、伊予守切腹、大蔵は寄手の大将深水摂津守、溝口石見、宮原何某と槍を合わせ三人共討取り、その外軍卒等も討ち取り一族共討死いたした。右大蔵嫡子武田縫殿助と申す者の末子、武田甚五は幼年であり乳母が連れ退いて近郷にかくれ住んだ、甚五が五左衛門と改名いたした。

根気のない私は読んでいるうちにだんだん途方に暮れてきて、郷土史家という方のコツコツした仕事には本当に頭が下がる。私が歴史に弱いというのは、つまり人名がなかなか頭に入らないのである。いずれにしても、本田氏が同資料に書いているように、新屋敷の武田家に残されていた「先祖附」を見てこれをまとめたものであることは確かで、祖母のキミも同じものをもとにしていたことは間違いない。ここで生き延びた幼児（**武田五左衛門**）がいつのまにか武田系譜三家へと発展していくのだが、どう分かれていくのか、その辺の経緯はよくわからない（以降、武田家のキーパーソンと思われる人物をゴチック体にする）。

この「先祖附」というものに私は実際に対面することができた。二〇二三年五月、新屋敷の武田家でのことだ。私が先祖のことを知りたいと訪熊するのに際し、物置の奥から取り出しておいてくれたのである。これは数メートルはあると思われる折本《おりほん》で、和紙に書かれた漢文は見事な達筆なのだが、字は意外に読みやすく、漢字を追っていくと意味はだいたい想像できる。最後に「文政六年　武田権作」の記名がある。文政六年といえば一八二三年で既に二百年経っているというのに、非常に状態がいい。通常は頻繁に開くことがないということもいえるが、それにしても保存状態の良さがうかがわれた。資料でたどると、**「武田権作」（元幸）**は私の曾祖父に当たる**「武田元凞《もとのぶ》」**の祖父。文政六年はその父の「武田準蔵」（元長）が亡くなった年だから、「権作」が家督を継いだ時にこの「先祖附」を書き遺したものとみえる。

「武田大和守」を求めて高森の含蔵寺へ

二〇二三年五月、私の訪熊の一番の目的は、「武田大和守」の歴史的拠点である高森・含蔵寺に伺うことにあった。これに関しては熊本にいる親戚たちが全面協力してくれた。熊本市街地を車で出発し、広大な阿蘇外輪山の裾野を遠くに見ながら東の方に進み、その奥にある高森まで片道二時間ほどはかかったと思う。私が熊本に滞在中は、連日、初夏のような陽気だったが、なぜか高森行きの日に限って〝晴れ女〟の威力も効かず、朝から土砂降りの肌寒い日であった。

高森といえば、県立高森高校が公立初の「マンガ学科」新設で話題となっており、南阿蘇鉄道終点の高森駅前に二〇二〇年に設置された「ONE PIECE」のフランキー像は人気スポットとなっている。高森駅駅舎もすっかり新しくなり、地震で長期間運休していた南阿蘇鉄道は、二〇二三年七月十五日、七年三か月ぶりに全線の運転再開となった。

境内一万坪という含蔵寺（起雲山含蔵禅寺）は、樹齢八百年以上の薄黄木犀をはじめ、ゆたかな自然に恵まれた、趣のある広大な山寺という印象だった。冬はこの寺だけ雪が降るという通り、寒さが相当厳しいに違いないが、真夏はさぞかし涼しくて気持ちいいであろうと思われた。

同寺は古く鎌倉時代建立とされ、代々、高森城主の菩提寺だったが、天正十四年（一五八六）、薩州島津軍との戦いに落城して消失。「武田大和守」と呼ばれる「**武田元實**」が討ち死にした。その後、再興され、三世の住職の時代（一六八六）に、檀家であった「**武田儀兵衛元朝**」の畑九町三反の寄進により、その後の基礎をつくったとされている。同寺の歴史や推移を綴った小冊子を見ても、この「武田儀兵衛元朝」の名前が度々出て来る。

境内には武田家の墓碑や供養塔が多く点在しているが、とにかく訪問当日は足元のぬかるみが気になる土砂降りの中だったので、一つ一つをじっくり確認しながら歩くことは困難であった。さらに、系譜三家がある若狭武田の別の系譜の武田家関連のものも多く見受けられたので、その判別にはなかなか難しいものがあった。元ＮＨＫアナウンサーの武田真一さんもこの高森をルーツとする方で、含蔵寺には以前から時々いらっしゃると伺ったが、その御先祖の墓碑もその中にあったに違いない。

当日は第二十世住職の本田幸則さん（現ご住職の裕樹さんの父）と奥様である信代さん、そしてそのお母様で九十四歳になられるという美智子さんも同席してくださった。ちなみに我が家にあった昭和十一年（一九三六、高森落城三百五十年祭）の含蔵寺での写真に写っているのは、四代前ご住職の本田大柳さん。禅宗の住職は未婚を伝統としていたが、三代前から婚姻を結ぶようになり、血縁で継承していくようになっている。その写真にある「武田大和守元實」の墓は、ほとんど変わらない佇まいを見せていた。

ご一家の話では、武田家は若狭の「客将」（客分である武将・将軍）であったが、高森に来てから「惣庄屋《そうじようや》」となり、肥後熊本藩主・細川家の家臣となって、熊本新屋敷（現・熊本市中央区新屋敷）に居を構えたというのが大まかな流れのようだ。「惣庄屋」というのは、江戸時代の地方行政に当たった村役人の最上位で、十数の村をまとめて支配していたという。さらに調べると、豊前小倉藩主から肥後熊本藩主になった細川大名は、その領地に「手永《てなが》制」という行政区画制度を導入し、その責任者に惣庄屋を置いていた。その名残なのか、明治生まれの祖母は、太平洋戦争前の昭和初期までは米や野菜などは小作人から届けられていたというようなことを話していた。

含蔵寺のパンフレットの中にも、「惣庄屋の武田家は一貫して含蔵寺の護持につとめ、今日の隆盛の基礎をきずいた功績は大であり、町内には武田家寄贈の石造物が神社や寺院に多く残っている」とある。「武田大和守元實」(津留大蔵)が討死した高森落城は、天正十四年(一五八六)。そこから四百年に当たる昭和六十一年(一九八六)には、高森の町全体で大がかりな高森城四百年記念祭が催されたという。

さて、従来ここに居住していた高森家がどうなったかというと、一部は今も高森の町に末裔がいらっしゃり、代々病院を営んでおられるようだが、早くから札幌、青森、静岡などに離散して、茶の販売などを営んでいた。なぜ青森かと思われるが、宮本常一『私の日本地図――阿蘇高森から小国』(昭和四十七年(一九七二))によると、島津の厳しい監視の眼を逃れてのことのようだ。同著では武田家に関して、「武田大和守の子孫も二軒あり、一軒は百姓をして高森におり、もう一軒は武士として細川家に仕えてつづいて来たという」とある。我が家はこの後者である。ちなみに『巨人の星』の作者、梶原一騎は本名を高森春樹といい、父方がこの高森家に連なる方のようだ。

曾祖父の武田元凞が大正末期に北海道に旅した時の日記に、札幌で高森家の人を尋ね、仏壇にあった過去帳を見せてもらったエピソードが書かれている。当時でさえも一家の主は既に亡くなっていて、母と嫁が寂しく暮らしているような印象で、末裔の方々がどのように離散し存在しているかは今となっては知る由もない。

ちなみにもっとさかのぼると、武田家のルーツが「源氏」であることは母からも伝え聞いていた。清和源氏の源義光を先祖とし、「信義」の時に武田村に住んで武田姓を称したという記述がどこかにあったが、それは新屋敷武田家で「先祖附」と一緒に見た「若州武田家系図写」（以下、代の記述は原本にある添え書きのまま）でもたどることができる。清和源氏の祖である平安時代の「清和天皇」（人皇五十六代）から始まり、貞純親王、経基、満仲、頼光、頼信、頼義、義家、義綱、**義光**、そして義清（一代）、盛義（二代）、清光（三代）、**信義**（四代）、信光（五代）、信政（六代）、信時（七代）、信綱（八代）、信武（九代）、直信（十代）、**信繁**（十一代）、**信賢**（十二代）、**國信**（十三代）、信政（十四代）、信時（十五代）、**元信**（十六代）、**元光**（十七代）、**信豊**（十八代）元隆、元継、義頼、義統、**元實**（二十代）、信明（武田大蔵改め津留・二十一代）、元光（二十二代）、元孝（津留蔵人・二十三代）、元定（津留忠左衛門・二十四代）、**元勝**（高森忠左衛門・二十五代）、元稚（高森忠左衛門・二十六代）、**元朝**（武田儀兵衛・二十七代）、元貞（武田一次・二十八代）、元救（武田儀右衛門・二十九代）、信政（儀平太・三十代）と続く。信政は宝暦十一年（一七六一）に父の儀右衛門から家督を継ぎ、「安永四年九月二日に病死」とある。宝暦十二年（一七六二）十一月の、鳩十一羽、零余子《むかご》一鉢、茶一嚢の献上品の記載で同家系図は終わっている。姓は「武田」に限らず、「津留」「高森」という時代もある。

もちろん若狭を基盤とするのは途中からで、初めは甲斐、そして安芸、さらに若狭へと移り分立していく。こういった家系図は資料によって異なっており、また家督を継いでいく順番も必ずしも親子関係ではなく、兄弟だったり、養子だったりするので、非常に複雑に混み入っている。ここには、

「武田忠左衛門元勝」の末っ子で、信仰深く、その財力を基に六十六国廻国参拝を行ったという「武田吉右エ門永勝」は表記されていない。

さらに、甲斐武田が滅亡した天正十年（一五八二）に、若狭武田家の最後の当主である「武田元明」（一五七三）が信長の後継者である秀吉に自害させられ滅亡するのだが、この「若州武田家系図」には「元明」の名前は出てこない。元明は若狭の明通寺の本堂に幽閉され、妻・竜子はその美貌から秀吉に連れ去られて彼の愛妾「松の丸殿」になるのだが、その話は水上勉の小説『湖笛』に描かれている。

私自身は若狭とはほとんど縁がないのだが、今の福井県の若狭地方に武田家のルーツがあるということは昔から意識にあって、若狭ではないが、一度、仕事で福井に行った時には、どこまでも広がる稲田の緑の美しさや、人々の話す言葉の独特のイントネーションが心に残ったものだ。私の両親は、父の定年退職後に若狭へ旅をしている。北海道から樺太に新天地を求めて移住した父の家のルーツも、元をたどれば「福井」にあったらしいことが、父の兄からの手紙に書かれていた。

さて、曾祖父の武田元凞は何度か書いているように、自らを「十四代」としている。それはこの家系図に添えられた代数とはまた別のもので、「武《たけ》田《だ》大和守《やまとのかみ》」と呼ばれた「元實」（「若州武田家系図」では二十代）からである。武田三家の詳細に関してはどこからどう分かれているのか不明な点は多いが、私自身に連なる武田家のファミリーヒストリーは、この「武田元凞」を起点に考えてみたいと思う。

武田家近代の軸となる茶道家元とその家族

母と祖母のよりどころは、これまで見てきた「武田」という家の歴史と同時に、「肥後古流」という茶道の家元であること、この二つが切っても切り離せないものとしてあった。ここから武田家近代の話に移っていこう。

曾祖父・武田元凞

武田家近代の歴史の軸となるのは、武田源太郎元凞《もとのぶ》（智得《ちとく》）。昔の人は名前がいくつもあるが、通称（俗称）は元凞である。祖母・キミにとっては父であり、母・ウタにとっては祖父でありながら、これはまた後述するが戸籍上の父になった人だ。私にとっては曾祖父に当たる。生まれは明治に入る直前の慶応三年（一八六七）で、亡くなったのは終戦から五年後の昭和二十五年（一九五〇）十二月十五日。八十四歳は、当時にしてみればかなりの長命といえる。数年前には生誕百五十年だった。当然、私は会ったことがない。

この人こそ、肥後古流の家元十一世である。武田家がもともと肥後古流の家元の家だったわけではなく、元凞の修業によってその役割が与えられたのだった。それについては後述するが、家元の役割は十二世、十三世と血縁の息子に引き継がれて、今日に至っている。つまり近代以降の武田家は、茶道肥後古流家元と背中合わせになっているのである。

武田元凞とはどんな人物であったのか。母はその祖父について以下のように書いている。

「私に対して言葉や態度で愛情を表すような人ではなかったが、心の中では父親のいない初孫の私をいとおしく思っていたのだろうと、今も感謝している。幼い時、何か手伝ったり、ものを渡しに行くと『ちょう上』『だんだん（ありがとうの意）』と聞き慣れない言葉で応対してくれた。」

当時の家族関係というのは、親子であったとしても適度な距離があるというか、案外このようにさらっとしたものであったのではないか。特に元凞については、その手記を読んでも淡々としていて、あまり強烈な人間臭さというものは感じられない。ただ母は子供の時に、元澂が小さな壺のような入れ物から金平糖を出して時々くれたという思い出を懐かしそうに話していた。蓋はどこかにいってしまったが、手描きの藍色で「壽」の文字の入ったその壺は今でも棚に飾ってある。

我が家は唯一の和室にかろうじて床の間があるのだが、この元澂の晩年である八十二歳の書「日々是好日」（にちにちこれこうじつ）がかけてある。しっかりと大きな字で書かれた漢文の掛け軸もあったが、祖母が長年持っていた茶箪笥を思い切って遺品整理した時に、一緒にどこかにいってしまった。その漢文に比べると、これはさすがに弱弱しく枯れた感じが否めないが、小さな「日」と大きな「是好」のバランスが絶妙で、左側に添えられたサイン「八十二老　虚心庵」の「庵」の字の最後を大きく払っているところにも独特の趣がある。毎日見ているうちに、だんだん好きになってきた。特に「好」の字が笑っているようで明るい気持ちになれる。毎朝、私はこの横で短いヨガをしながら、この「毎日がかけがえのない好日である」という禅語をかみしめている。

さて、元澂の生まれた慶応三年（一八六七）の翌年は、当時「御一新」といわれた明治元年（一八六八）であり、廃藩置県によって熊本藩が熊本県になる。士族の神風連暴動（明治政府に対する反乱）がおこった明治九年（一八七六）、父、武田一蔵（元直）が五十歳で死亡し、元澂は九歳で家督を継ぐことになる。その翌年、明治十年には十年の役といわれた西南戦争があり、熊本市内が戦場になったので、とうとう県外まで逃れたりしたが、細川家からいただいた下通りの家も全焼してしまい、なにもかもなくなってしまう。この時の熊本市内の様子は『城下の人』新編・石光真清の手記（一）にリアリティをもって描かれている（後述するが、石光家は遠縁にあたる）。一時、親戚の家に居候していた時期もあったようだが、その後、その近くの白川端にある新屋敷町四二三番地に広い屋敷を求めて落ち着くことができたという。この自宅には茶室を構え、明治三十年頃からは弟子たちの稽古を見るという、まさにお茶を中心にした生活が続けられる。この住所の地は今や、熊本市による河川の区画整理などで、川べりの遊歩道のようになっている。ここそ、母の決めた私の本籍地でもあるのだ。

父親のいない母親だけの生活では教育が完全ではないということから、元凞は幼い頃から知り合いの学者・浅井鼎泉《ていせん》の家に預けられ、杉並木の道を何町か歩いて市内の先生のところ（細川家菩提寺であった龍田山泰勝寺の辺り）に通っていたこともあるらしいし、また東京の英語学校にも行ったことがある（東京の写真館で撮った当時の顔写真が残っている）が、体があまり丈夫ではなかったらしく、それは途中で止めて熊本にもどっている。熊本市内の見性寺で座禅し、京都大徳寺で修業して「智得」の称号を得、肥後古流十世である茶人・古市宗安の弟子となり、その後継者となるのである。

また、元凞はその人生において三度の結婚をしているが、それを取り仕切っていたのは母の橘《きっ》であった。最初の妻・多喜（その長女が私の祖母・キミ）も、二番目の妻も離縁。大正四年（一九一五）、細川護立侯の依頼で、細川家御宝物の調査や「永青文庫」設立準備に東京を行き来している間に、キミの異母妹に当たる六歳の喜多も急病で亡くなってしまう。その時にキミが小石川の細川邸にいる父・元凞に宛てた手紙が残っている。その後に三番目の妻を迎えることになり、その子孫が現在に至る武田家の主軸を形成している。

一家のゴッドマザー・武田橘

元凞は五人きょうだいだったが、元凞の他の四人は全員女性であった。この家のゴッドマザーともいえる母、武田橘（旧姓は久保・大正五年に七十七歳で死亡）を中心に、このきょうだいがずらり並んだ家族写真が残されているが、それを何度か見ているうちに、私の知る親戚関係の今に至る歴史のもとになるものがここに凝縮されていると感じるようになった。もちろんファミリーヒストリーをある程度把握した上で改めて理解できることなのだが、写真というのはその背景にあるものがリアルに伝わってきて、想像をふくらませてくれる。

橘の夫、つまりきょうだいの父である武田一蔵（元直・明治八年に五十歳で死亡）については、写真が現存していないので、どういう風貌の人だったのかは分からない。職業は、郷土史家の資料によると「七人扶持御中小姓相性及小倉出陣」と書かれている。さらに「肥後細川藩捨遺」ウェブサイト内の「新・肥後細川藩侍帳」には、その四代前（武田儀右衛門・元堅）からの名前に続き「武田一蔵三十石」という記述がある。

いずれにしてもきょうだい唯一の男性だった元凞への期待は相当のものだったろうし、武田家の中心的存在であると同時に、長男という重圧は相当のものであったろう。女性のきょうだい、マセ、多嘉、美恵、貞は、それぞれに細川家の家臣ともいえる家（牛島家、宮川家、上野家、大里家）に嫁いでいる。長女の牛島マセと末っ子四女の大里貞との交流はその後とだえているが、それ以外の宮川家（多嘉）、上野家（美恵）はその後も密接なつながりがあり、私もその子孫の方々とおつきあいさせていただいている。特に私の祖母であるキミは、武田家の長男・元凞の長女として生まれ、最初の結婚はいとこである上野家長男の後妻に嫁いだので、ファミリーの横軸のつながりのハブのようになっていたと言えるかもしれない。

武田橘は昔気質の人で、長男（元凞）の最初の嫁・多喜（旧姓は若林）を「家風に合わない」ということで離縁させ、家から追放している。つまりキミは幼い時に、母親との別離を体験させられた。

何があったのかはよく分からないが、嫁が姑のお眼鏡にはかなわなかったのである。とにかく「家」を守らなくてはならないという、武士の妻らしい相当封建的なタイプであったにちがいないと思うのだが、キミはその祖母をかつて「厳しい中にもやさしく行き届いた教育ぶりで、その厳しさは本当の愛情からくるものだった」と、「我家の百年の歴史」の中で私に語っている。

孫（祖母のキミ）の教育にも熱心で、嫁無き後は自ら孫の教育に当たっただけではなく、南郷の素封家の娘さんたちを教育してほしいと頼まれ、お茶のお弟子さんたちの懐石の買い出しをはじめ、料理も味噌の擦り方から教えていたらしい。明治時代までは味噌も醤油も自宅で作り、屋敷内には茶園もあって、茶葉を作るに当たってはお茶の弟子の一人だった茶屋の主人に来てもらったりしていたという。

キミの母、多喜が写った家族写真が一枚だけ残されている。明治三十三年（一九〇〇）六月のものだから、おそらく別離のそれほど前ではない。元凞は椅子に腰かけた母と嫁の間に立ち、左手には木刀の先が見える。その前で一歳半だったキミは両手で帽子を持ち、祖母・橘に両肩を支えられている。おでこを広く出したおかっぱ頭が男の子のようでもある。細面のきりっと穏やかな顔立ちの橘に対し、嫁の多喜は現代でもいそうな端正な丸顔。その後のことが頭にあるから、どことなく幸薄そうに見えてしまう。これは私の子供時代までそうだったのだが、昔の人は今のように笑って写真に写るということがなかったから余計に悲哀感がある。この写真を撮った後に、キミの弟、元英が生まれるが、三歳で死亡。おそらく長男の死も離縁につながったのではないだろうか。

明治といえば日清（一八九四―一八九五）、日露（一九〇四―一九〇五）という戦争の時代であり、日本はその勝利にわいていた。日露戦争の時に、元凞は町会長を務めていて、当時七歳だったキミもおつかいのお手伝いをしたようだ。屋敷内の梅を梅干しにして軍隊に寄贈したり、出征まで兵隊を家に滞在させたりした。田舎から出てきた兵隊が、子供のキミにおもしろい話をよくしてくれたそうだ。

キミが小学校四年の時に第二の母が菊地郡からくるのだが、これまた翌年に離縁。生まれた喜多を引き取り、五歳ごろまで親戚から子守りを頼んで育てていたが、キミが女学校を卒業した翌々月、大正四年五月に、喜多が疫痢にかかり一晩のうちに亡くなってしまう。キミもそのころ赤痢になったが命をとりとめる。同年十二月には第三の母として、北里研究所の看護婦をしていた栃原すま（本名・マス）が来るのだが、どうやら祖母・橘が彼女を選んだのは、自分自身が高齢のために病気がちになったからという説はまんざら嘘でもないだろう。その橘も翌大正五年（一九一六）一月六日に逝去、七十七歳のあっぱれな人生だった。

キミは幼い時に離縁された母・多喜のもとには何度か会いに行ったが、その母からも「もう来ない方がいい」と言われたらしい。子供だった母のウタも何度か連れられて行ったようだが、（熊本の寺原町に住む)「寺原のおばさん」と聞かされていただけで、血のつながった本当の祖母だと知るのは母が成人になってからと記している。再婚して「村上」になっていたが、その夫とも死別していた。「大変、きれい好きな人で、こぢんまりとした住まいに一人で住み、何軒か借家もあったようだ。戦争中、その辺りは強制的にとりこわされてしまったが、配給のお米を店に取りに行って私が一人でたずねていくと、とても喜ばれたことがあった。最後は高麗門というところの狭い家で病気になり、恵まれない生涯を終えた。自分では何も出来ないようなかよわい感じの人だった。周囲の人にキズつきながら……」

これは母の記述である。孫の私が知る由もなかったが、祖母・キミは「母のいない哀しみ」を一生引きずっていたのであった。後述するが、母が「父のいない哀しみ」を引きずっていたように。

今とは比べようもないくらい男性中心の社会の中においても、こうみていくと、夫亡き後に家を牛耳る嫁と、その姑から離縁されてしまう嫁、こういってはなんだが女性にも「勝ち組」と「負け組」がはっきり運命づけられていることがまざまざと思い知らされるのである。家父長制の時代ではあるが、男性は短命の場合も少なくないので、家を仕切っていたのは武田家のように残された妻(姑)というケースが少なくなかったのではないだろうか。

肥後古流とはどういう流派なのか

茶（抹茶）を点てて振る舞う日本伝統の茶の湯。茶道と一口にいっても、表千家、裏千家、武者小路千家の三千家をはじめ、全部で百近くの流派があるといわれている。年刊『茶湯手帳』にはこの世界の基礎知識や情報が網羅されているが、日本全国および海外にも強固なネットワークを持つ裏千家のような巨大組織もあれば、地域限定のローカルな流派もある。その中で熊本に拠点をおく「肥後古流」はどのような流派なのだろうか。

祖母はお茶の環境で育った

祖母・キミが高校生の私に語った、例の「我家の百年の歴史」では、父・元凞が茶道肥後古流の家元になった背景とその後が次のように端的にまとめられている。

元凞は成人して茶道に精進した。

千利休は秀吉に切腹をさせられる前に、茶道の後の事を心配して弟子の円乗坊宗円を還俗させて娘の婿にして後継ぎにした。宗円は茶道精進皆伝の人であったので細川家にかくまわれ、千と名のらず、古市家と名のった。その流儀を少しもこわさず今日も古流として伝わっている。その古市家の何代目かの先生が亡くなる時に、熱心だった元凞に、自分の養子が茶道達成までその指導をあずかってくれるように頼んだ。しかし不幸にもその御養子が亡くなられたのでその頼みを守り、武田元凞が八十四歳でこの世を去るまで茶道に精進した。細川家の御茶道は代々、古市家、古田家、小堀家の三家があった。そして今も古市家は武田が受け持って熱心に指導にあたっている。元凞が死んだ後は熊本の武田が家族ぐるみでやっている。元凞の長女の祖母も昔は毎日、母

校などの高等科、本科、家庭寮、寄宿舎、卒業生の会などに教えに行ったり、家の茶室で教えたりしていた。〔……〕

元漉が自宅の茶室で実際に指導をするようになるのは明治三十年頃からなので、長女・キミが生まれた時は既に家にお弟子さんが来る環境であったに違いないし、キミ自身も幼い頃から茶に慣れ親しんでいた。茶道の指導という職業は、ごく自然な成り行きだったと思われる。

元漉が記す肥後古流の歴史

元漉自身が肥後古流の歴史をさらに詳しく書いたものがある。その晩年、昭和二十五年（一九五〇）九月『須貴』（東京茶道会編・榊原出版）に発表したものだ。少し長くなるが引用する。タイトルは「肥後古流について――十七年忌に当りて」とあり、武田元漉（虚心庵）の記名がある（ルビは筆者が補足したものも含む）。

肥後古流の祖は円乗坊宗円の聟《むこ》、**古市宗安**といふ人で、京都に住む横川理安の子である。

父理安は前田上野介の浪人であったが、富裕な家だったので、茶法を円乗坊に受け、且つ蹴鞠《けまり》の技に優れ、常に**細川三斎公**に召されて蹴鞠の相手を仕ってゐた。

三斎公は周知の如く、茶道を千利休に学び、蘊奥を極め、門下七哲の一に数へられた。太閤が北野の大茶会を催した時も影向松の傍らに茶亭を構へ、松向軒と号して数奇を凝らし大いに衆目を聚《あつ》めた。子忠利公に至り、嘉永九年熊本に転封、五十四万石を領した。

忠利公も父祖の優雅の風を稟《う》け、茶道を嗜み、前封地小倉に在国の頃嘉永二年波田仲菴の推挙により、利休正伝の茶法を受け継いだ當代第一流の茶人古市宗安を禄二百石を以て召拘へ、藩の茶道を掌らしめた。

以下少しく宗安について記るさう。

當時利休には、実子**道安**・義子**小菴**・**聟円乗坊宗円**といふ三人の後継者があった。道安は「殊の外器用人にて、利休の数寄《すき》をもあざむき、極真《ごくしん》といふとも別儀も有るまじき工夫にてならんと存じて、餘り熱心不仕、兎哉角延引の内、休死去故道安へ不伝也」と宗安自ら執筆せし『世代記』の中に記されてあるやうに、実子道安へは伝授されなかった。「利休後妻の連子に小菴と云て有之候。この小菴は道安とは違ひ、茶の道不器用故、是にも極真の儀は相伝無之云々」と述べられて、小菴にも伝はらなかった。然るに聟円乗坊はその秘法を授かってゐる。前記『世伝記』には比較的委しくこの間の消息が記るされてある。即ち「円乗坊は本能寺の出家にて有けるを利休目利にて円乗が生れつき物をかざる事もなく直なる潔よき生質にて、出家をおとし、茶の湯の大事を伝へんと思ひ、いろいろ異見をして出家をおとし、休聟にして極真の台子《だいす》其外秘伝不残円乗へ相伝有たる事なり云々」とある。

然し世の中は面白いもので、円乗坊自身も亦実子**道鉄**には相伝しなかった。というのは道鉄は夙《はや》くより医術を究め、延寿院の聟となったので、屡々父円乗坊に宗安へ伝来の秘法を授けられん事を慫慂《しようよう》した。「元来長兵衛は聟の事なり、我等も左様に思ふよしにて相伝有之たる事なり、其砌《みぎり》は我等俗名長兵衛と申候也」と宗安が書いてゐるやうに、円乗坊も宗安の人格識見技能を認め、利休直伝の秘法極真の台子を伝授した。斯くて利休―円乗坊―宗安と、利休嫡伝の茶事は正しく継承されたのである。

まさに、伝統芸といえども、というより伝統芸であるからこそ、必ずしも世襲制などの血縁第一主義ではなく、資質の合う人に受け継ぐというモデルが既にここにあるではないか。利休という人はそういう意味でも本質を見る目があった人ではないかと思うのであった。不器用でも困るが、あまりに器用すぎても何かをこつこつと続けるには向いていないという、なんともうんちくのある人選である。いずれにしても、この時代は男性ばかりで、女性はまったくその視野には入っていない。いや、それは現在まで変わらず続いているが。

ちなみに、「宗安」の名前は、通常は「宗庵」と記されているものが多い。

その宗安が、細川忠利公に召されて遙々京師より下向し、藩中に茶法を廣めた。今日尚ほその薫陶を享けたる肥後藩茶道の御三家が存続し、利休正伝の茶法を遵守し、格式を重んじてゐるのは、その源遠く、海内有数の茶人たる**古市宗安**が、藩の庇護の下に、茶法の正道を布いて熱心に誘導し、代々の宗匠またよく忠実に之を遂行し、加ふるに懇篤質撲なる肥後魂の因って以て培った結果である事は論を俟たないが、又一方西陲辺陬《せいすゐへんすう》の地の利より、他国人の介入を許さず、よき意味の封建的な因襲尊重、保守政策等の集大成した賜物ではあるまいか。

のみならず宗安の存在が啻《ただ》に肥後一国に幸した許りでなく、日本茶道上重大な貢献をなしてゐる事実がある。それは宗安が後年上洛した時、**千宗旦**は彼に秘法を授けられん事を請うた。一子相伝の秘伝であったけれども、由縁ある宗旦の願ひであるから、一夕茶会を催し、極真の盆點を點てて見せた。宗旦は深くその厚誼を嘉《よみ》し、鄭重なる書面を贈って感謝の意を表した。

ローカルであるからこそ、利休正伝が守られているということ。そして既に京都の茶人たちにも影響を与えているというエピソードが書かれている。次には、武田元凞が古市家の後継者となったいきさつを自ら書いている。

次に古市家歴代に就いて少しく述べよう。

六世**宗佐**の代となり、宝永二年六月朔日、高弟にして藩の茶道たる**小堀茂竹**へ「利休以来家伝之極真之台子其外伝授の品々、御執心多年御懇望に候間無残令相伝候。他言被成間敷候。心底被見屈可有御相伝仍如件」といふ目録を与えて秘法を授けた。然るに宗佐は短命で子三悦に相伝せざる間に歿したので、小堀**茂竹**は師**宗佐**の恩義に感じ宝永六年快く三悦に伝授した。両家の因縁は之を以て愈々深くなった。

利休より十二世（古市家となって十世）**宗安**は安政六年跡目相続し、明治卅四年五月歿したが、十三世に當るべき末雄氏は横井家より入り、而も茶道未熟の青年である所から、宗安門中極真台子相伝を受けてゐる関係上、宗安生前に決定され、不肖余が衣鉢《いはつ》を嗣《つ》ぎ十三世〔古市家となって十一世〕を冒し、八十四歳の今日尚ほ矍鑠《かくしやく》として茶道教授に勤しんでゐる次第である。

続いては、古流三家の中でも、古市家以外の二家について書かれている。

御三家の中他の二家、**萱野**（後年**古田**姓）**小堀**の二氏について述べることにする。

萱野家は古田織部正の舎弟で、兄の自刃後九州へ下り、子甚斎の代に萱野氏と改め、細川公に仕へ、宗安の門に入り、茶道を励み、嘉永十九年茶道役となり、寛文六年新知二万石を賜はり茶道頭に進んだ。現今は再び古田姓に復し九世**正雄**氏が相続、市内九品寺に閑居、茶道教授に当って居られる。

小堀家は祖**長斎**〔一世〕細川公豊前御在国の砌《みぎり》、小姓に召抱へられ、子**長斎**（**茂竹**改名）に及んで、慶安四年甫めて藩の茶道の列に入った。三世**長順**は茶道を究めた許りでなく、文筆の才あり、支藩宇土、**細川月翁**公が「平置諸品集」を選修せられた時も参劃して大いに尽くす所があった。後年長順は、茶事に関する古記録を蒐集填補した「茗理正伝」一巻を編み肥後茶道の伝統を詳かにした。今時、古流を研究する唯一の資料として珍重せられてゐる。

因みに細川月翁公について一言すれば、性頗る聡敏、天才に富み明君の称があった。致仕《ちし》して桂原に別業を営み余生を送り、深く茶道に入り風流韻事を友とした。「平置諸品集」とは公が茶事礼式作法について疑問ある箇所を明細に記載し、一々長順に批判を乞ひ可否を確かめ、長順の答申を附加した記録で、その写しが小堀家に現存している。

十世**小堀半休**歿後、子息**周二**氏は目下熊本日日新聞社の編輯局長として活躍して居られる。

さらに、こう締められている。これが発表された年の十二月に亡くなっていることもあって、これは武田元漑の遺言のようにも感じられる。

古市・古田・小堀を肥後古流御三家と称し、明治大正を経て昭和の今日に至るまで、実に三百二十餘年の永き間、純然たる利休直伝の茶法を伝え、軽佻浮薄な新形式を些も加味せず、肥後独特の茶道を以て旗幟《きし》を鮮明にしてゐるのは、天下に比類が無いと思ふ。

肥後一国にのみ流布繁栄する古流の茶法については別に機会に譲り、今回は肥後古流の発生と、連綿として伝承された御三家の概略を記することにとどめた。

細川家と茶道の結びつき

千利休の婿円乗坊宗円から続く茶道肥後古流と、細川家の関係は長い歴史がある。

二〇二三年の初夏、文京区の永青文庫でちょうど「細川家の茶道具――千利休と細川三斎」が開催されていたので、私はこれは見逃すわけにはいかないと拝見しに行った。茶道具を公開するのは七年ぶりだったという。有名な「唐物尻膨茶入　利休尻ふくら」や「瓢花入　銘顔回」は、別の展覧会（確か二〇一〇年に東京国立博物館で開かれた「細川家の至宝」）でも見たような記憶があるが、いろいろな茶道具のアイテムに、書状や書の類、また最後には近現代細川家四代が手掛けた茶碗が並んでいるのも興味深かった。同文庫に所蔵されている茶入や茶碗の写真帖を見ながら、この中にはきっと武田元凞がかつて細川家の依頼で整理に伺い、きっと触れた物があるに違いないと思ったりもした。「肥後古流」という言葉は展覧会の中には一つも見当たらなかったように思うが、茶道具を通して肥後古流の歴史を少し味わうことができたように思う。

細川護貞氏がその還暦を記念して出版された随筆集『恰園随筆　茶、花、史』（主婦の友社・昭和四十七年発行）には、三斎忠興が尊敬してやまなかった師・利休との関係をえがいた「利休と三斎熊本に伝わった利休正伝の茶の湯」に続き、「熊本の古流　利休の秘伝を伝えた熊本の茶道」では、肥後古流に関する詳細な記述がある。

その締めに、「古流」という呼称について触れているのが興味深い。細川家の茶道は、「肥後古流」の他に江戸詰めである遠州流の伊藤家を取り入れる場合もあったようだが、細川護貞氏はそこに疑問を呈し、「古流」とは「新流たる遠州流に対する呼称で、そのもとは『古風の茶道』の意であろう」と述べている。繰り返しになるが、千利休がその後継に婿（聟）である円乗坊宗円を選び、宗円もまた婿・宗安を後継に選んだわけだが、宗円は「千」を名乗らず、「古市」を名乗った。その「古市」の名前から「古流」という呼称がきたようにも思えたが、やはり「古流」の「古」の由来は、「伝統的」とか「古式」とかいった意味であったのだろうか。

細川三斎（忠興）といえば、私が住む小田原にも縁がある。豊臣秀吉の小田原北条攻めの際に秀吉から「早川口の松山」（富士山：ふじやま）の攻略を言い渡され、天正十八年（一五九〇）四月八日、韮山城攻囲軍から外れて小田原包囲軍に加わり、この山に陣を取ったのである。この「富士山（ふじやま）」は、我が家のベランダから西の方向に見えるこぢんまりとした山で、頂の方まで何軒かの家が建っているのが見える。以前にこの辺を入生田の方からウォーキングしたことがあるのだが、中には庭に鳥居のあるような大きなお屋敷が並んでいた。最寄り駅である箱根板橋から山裾までも徒歩十五分以上、さらに山頂に向かって急な坂道がさらに続いている。あの山の中で、三斎は戦の合間に茶を点てることはあったのだろうか。

肥後古流の特異性について

その後、時代とともに「肥後古流」三家も変化をたどり、現在は古市流（武田家）と小堀流（小堀家）の二家を中心に、それぞれ子孫が十三世を継いでいる。萱野流は昭和五十八年（一九八三）に家元制から会長制度に移行したとしている。そして、武田家は十一代の元凞が亡くなった後は、その長男の元二《もとつぐ》が十二代、さらにその次男・恭幸《やすゆき》が十三代を継いでいる。

祖母の聞き書きの中で「家族ぐるみ」でと話しているように、第二次世界大戦後の十二代以降は、カリスマ性のある家元というよりは家族で支えてきたといって過言ではない。それは代々続いており、私のようなよそ者が傍から見ると、その家族間の結託した仲の良さというのは驚くべきものだ。伝統的な家を地域で存続させるには必然なのかもしれない。

先代の十二代元二（祖母・キミの異母弟にあたる）は長年、旧農林省熊本食糧事務所勤務の公務員であった。お茶で生計を立てない、本職は別に持つというのが肥後古流の特徴で、小堀家も十二代は熊本日日新聞社から熊本放送、十三代は肥後銀行に勤めていた。これは伝統的な家元制度としては特異なのではないだろうか。習う側からいえば、習い事を続けて上に昇級しようとするとにかくお金を要する仕組みになっているが、そのハードルを低くする意味でも、お茶を生業としないという考え方は非常に民主的であると思う。

武田家十二代を実質支えていたのは、元二の姉の敏と、祖母の会話にもよく登場していた先代からの高弟子である陣内キイ先生であった。陣内先生は、祖母と母が武蔵小杉に移転してからも何かと心にとめていただき、連絡のやりとりをしていた。この敏さんは生涯独身で、弟の家族と同居しながら家元を支え、平成五年（一九九三）十二月二十九日に七十五歳で亡くなった。病気で苦しむことのない突然の死であったから、警察の検証も入ったという。

敏さんはキミとは二十歳近く離れている異母妹であったが、私が子供時代に初めて会った時に、祖母とあまりによく似ているので驚いたものだ。きょうだいも親も周りの家族はほとんどが、おっとりのんびりした性格の中で、この敏さんはどちらかというとチャキチャキした機転の利くタイプで、家元の家をきりもりしていくにはうってつけの人であったと想像される。古い写真で見比べてみると、祖母とは顔の形も違うしあまり似ていないのだが、普段は祖母も封印していたであろう熊本弁でやりとりをしているのを見ながら、本当に姉妹なのだなとほほえましかったものだ。祖母もこの敏さんを何かと頼りにしていたと思う。こうして書いて初めて気が付いたのだが、亡くなった日は祖母と同じ十二月二十九日、亡くなった年齢も祖母の七十七歳に近い。

手元にある肥後古流に関する古い資料の中には、いくつか武田敏が登場しているものがある。まず、熊本日日新聞の創刊一万号を記念した昭和四十四年（一九六九）年十月二十五日の「熊本のかたち」カラー別刷版表紙には、敏が泰勝寺で野点をする写真が大きく使われている。また、「熊本県文化懇話会報」第三号（昭和三十九年（一九六四））には敏のプロフィールがこのように紹介されている。

肥後古流十四代宗匠武田元二の姉。大正七年二月八日生まれ。大正十年、父元澌智得宗匠につき稽古始む。昭和三年、伏虎室老師来られ見性寺に初めて座る。それより玲竹軒、泥龍窟、南陽老師の錐鎚を受け茶に禅に専ら修業中なり。泰勝寺の仰松軒お茶室開き頃より、伝馬船の如く父について何処のお茶会にも列なり。昭和十四年頃より戦争中も第一高女、市立高女、尚絅高女と伏見に行き、十七年、東京において北海道の白木重子氏に教え、戦前は宮様方、戦後は進駐軍、その他観光の内外人、三十三年九月二十五日にはブラジル大使の接待にあたり、三十七年皇太子殿下行啓の折、仰松軒、露路の掃除うち水、飾付に奉仕し古流茶道のため的々社の公僕として日々精進しております。

敏の甥にあたる井上新《あらた》さんが話してくれたエピソードだが、家族数人で南阿蘇の俵山にピクニックに行ってバーベキューをした後、敏がひょいと茶道具を出してきて、その場で野点《のだて》をした時のことが鮮烈な思い出だと話していた。これこそが茶の湯の神髄なのであろう。

肥後古流家元武田家は、古くから的々社《てきてきしゃ》が組織運営していて、熊本、八代、帯広の三か所に拠点がある。会費を払っている会員数は三百人、お茶会には約百人が集まるというが、やはり高齢化が進んで年代は七十代が多いということだ。利休直伝の武士茶道ということで、昭和初期の戦前までは男性が多かったようだが、戦後以降は圧倒的に女性の嗜みの世界になっている。

「的々社」の名前の由来は、前述にあるように古市宗庵上洛で千宗旦と茶会を催し、千利休直伝の茶法および極真台子盆点法を伝授した時のこと、宗旦からのお礼に「沸法的々」の書を贈られたことにちなんでいるという。ちなみに祖母と母は、元漲十三回忌の際にこの的々社からいただいた記念茶会のご案内やその後の礼状を大切にしまっていた。

新年の初釜や、春や秋の献茶式と、茶道は年間スケジュールというのがだいたい決まっているが、祖母は戦前の盛んだった時の様子を以下のように語っていた。

「正月は暮の三十一日から行事が始まり、元旦二日三日五日と昔からの献立通りに作って、決まった行事を行う。十一日から十三日にかけては点て初めで、多い時は一日百人以上ものお弟子さんにお膳を出した。その後、室入り、また野点や座敷で大勢で楽しく話をしながらお煎茶をいただいたり、本当に楽しい三日間だった」

時代は変わっても、茶道は単なる社交の場でも女性の習い事でもなく、やはり文化教養に満ちたサロンであってほしいと願う。お茶未経験の私にとってはもちろん「極真盆点の奥義」などは知る由もないが、肥後古流にはお点前についての教科書のようなものはなく、教えるというより無言で伝えるという姿勢に近いものがあるようだ。年に数回ある研究会において、お点前の確認などを行っているらしい。

肥後古流の姿勢としては、広告宣伝も看板もなく、積極的にお弟子さんを募ることはしないそうだ。

変えないことを善しとしている肥後古流とはいえ、伝統というものは常に風通しをよくして革新の気概をもっていかなくては、真に生き残ることができないのではないかと思うのは、よそ者のたわごとだろうか。日本の伝統文化に興味ある人は少なくないのだから、そういう人たちに伝えていくことの大切さ、いや「伝える」という表現がよくなければ、少なくとも人と人とのコミュニケーションの大切さを思うのである。

私は茶道との距離が縮まらなかった

実は私自身は、お茶のお点前をしたことがほとんどない。子供の時、手順が悪くて物を壊したり、なにか失敗したりすると、祖母に「お茶をしないから」と言われたような記憶はあるが、祖母にも母にも「お茶をしなさい」と強要されたようなことは一度もない。祖母が家でお茶を点てているのを見て、その茶筅を動かす手さばきの見事さに驚いた記憶はあるが、母は故郷でお茶会に列席することはあっても、普段、お茶を点てるということがなかったように思う。とにかくお茶はただ飲むだけではなく、長年修業して身につけるものであり、普段の生活に応用していくものであることは、祖母も話していた。

祖母が熊本からずっと持ち続けていた茶道具の入った箪笥は、祖母が亡くなってから半世紀近く開けられることもなく、武蔵小杉に居住していた三十年の時を経て、両親の定年退職後には移住先の小田原に運ばれていた。父が介護施設に移り、両親の家に私が同居するとなった際、スペースを空けるために急いでいろいろ処分する必要が出てきて、大胆にもその茶箪笥もまるごと古道具屋さんに持っていってもらった。元来、骨董の好きな私は一つ一つ見ていたら、きっと全部残しておきたくなると思ったからだ。その中には骨董屋さん曰く、金継ぎがなかったら「準国宝級」という茶碗（伝統的な緑色の松の模様だった）も出てきたが、それは私の好みでなかった。ただ多様な更紗の布に包まれた棗《なつめ》が集めると十個位にもなって、あれは後から惜しかったなと思い出したが、その時はそういったものを一つ一つ見ている余裕がなかった。灰の入った釜はまず使うことはなかったろうけど、せめてお茶碗は一つ一つ眺めればよかったと、後からちょっと後悔しなくもなかったのだ。それでもどなたかそれを気に入ってくださる方の元に届いていればそれでよかったのだと自分に言い聞かせている。やはり古い物というのはただしまっておいてはダメで、日常の生活の中に取り入れて使わなくては価値がないのだ。

ただ、今でも胸が苦しくなるのは、古道具屋さんがいろいろ鑑定しながら次々に片付けている横で、母が祖父・元凞のことなどをその業者といろいろ話しながら接していた姿である。それ以外に祖母の使っていた和服用桐ダンスも全部ひっくるめて、業者からは二万円が渡された。まさに物を売る時は二束三文の現実なのであった。使い勝手のよさそうな茶碗と、元凞自身の手による竹花入や茶杓はいくつか残された。

その後、母が亡くなってからしばらくして、私はお茶を習ってみたいという気持が沸き上がってきたことがあった。それは親戚の学者夫妻の家を訪れた時のことで、アメリカ暮らしも長かった叔母が、さりげなくお抹茶を点てて出してくださったのである。こういうふうに生活の中に取り入れているのは素敵だな、私もそうしてみたいと思ったのだ。

北条五代の菩提寺であり、千利休の弟子で、秀吉によって処刑された山上宗二の追善碑のある箱根湯本の早雲寺で、一度、遠州流によるテーブル茶の湯体験をしたことがある。だが、茶道には果てしない道のりとコストがかかる現実を目の当たりにして、結局、続けることをあきらめてしまった。熊本の肥後古流家元には何度か興味があることを伝えたが、期待するような返信はなかった。関東には肥後古流を体験できる場や機会がないことも大きかった。私と茶道との距離感は縮まることはなかったが、それはそれでよかったのかもしれないと思うのである。

形式美の対極にある前衛

そもそも私が茶道に興味を持つようになったのは母の死後、つまりまだ近年なのだが、そのガイド役を果たしてくれたのは、赤瀬川原平の『千利休――無言の前衛』（岩波新書・一九九〇年初版）である。勅使河原宏の映画『利休』（一九八九年）の脚本を手掛けた後に書かれたもので、いわばお茶の世界とは無縁だったアーティストによるこの両作品が強烈な印象を残し、私をその入口に導いてくれたことを加えておきたい。

改めて読み直してみると、次のような一文に目がとまる。

> お茶を入れる、その入れ方が次第に儀式化していくということは、生きていることへの不安によるものではないか。

そして、本の題名にある「無言」、つまり利休の「沈黙」についての表現がささる。

しかし利休の沈黙は、じつは井戸のように深い。井戸の底を地下水が流れている。利休はその地下水を汲み上げて茶を点てるようなことをする。それを受けたものは、その井戸の底を流れる地下水の冷たさを知る。その地下水がみずからの井戸の底を流れているとも知らず、秀吉はその地下水にひるむのである。自分から井戸の底へまでは降りていけない。秀吉は両手でしっかり言葉につかまった上で、その井戸の底をのぞき込むのだ。そしてその両手を離すことはできなかったのである。

赤瀬川はさらに、「言葉」の先の「直観」について、つまり「言葉の届かぬ先で意味の沸騰している世界」について言及し、利休の前衛性を正しく引き継いだ古田織部について語っている。常に無作為を意識し、歪んでしまったものを美として取り入れた利休に対し、織部はむしろはっきりと茶碗を歪ませている、利休と同じ手法を守ったら、利休的精神からはますます離れていく、と。

新しいものは、それが優れていればいるほど一般化する速度が早い。そして形式となり、それを破ってまた新しいものが生れる。そうやって前衛はいつも形式化を逃れながら先を急ぎ、形式の世界はまた貪欲にその後を追いかけていく。

これはまったくの蛇足であるが、赤瀬川原平氏は一九九八年三月『花椿』（資生堂の企業文化誌）の、本のタイトルから発想した書評コラム「赤瀬川原平の今月のタイトルマッチ」で、なんと私がその前年に出した『下着を変えた女――鴨居羊子とその時代』（平凡社）を取り上げてくださったことがある。赤瀬川原平と鴨居羊子、この「異端」で「前衛」の組み合わせも感慨深い。利休に関する著作と共に、私にとっては忘れることのできない光栄な思い出なのである。

前列右から2番目の武田橘を中心に，武田家のきょうだいが集まる（大正4年（1915）2月）。前列右から次女・宮川多嘉，武田橘，久保幾佐（武田橘の姉妹），三女・上野美恵。後列右から大里貞の娘，武田元凞，四女・大里貞，上野琴子（上野美恵の三女）。長女の牛島マセはいない

祖母キミ（中央手前）の実母（左）が写る貴重な一枚（明治33年（1900）6月）

熊本・高森の含蔵寺の高森落城 350 年祭（昭和 11 年(1936)）。武田大和守元實の墓前で, 14 代元凞・すまを中心に。左は長男の元二と当時の住職。右から次女の雪, キミ

時代を経て, 2023 年 5 月訪熊の折に親族で含蔵寺を訪れた。前列中央が前住職，前列左から，その妻と義母（妻の母）（撮影：井上光行）

肥後古流の全盛期をものがたる「武田先生古稀祝賀茶会記念」（昭和 11 年（1936）4 月，於・藤崎宮社前）の写真。2 列目中央には元漮。並んで祖母キミや子供時代の母の顔も見える

元漮の肖像。的々社「武田智得先生十三回忌記念名簿」（昭和 37 年（1962））より

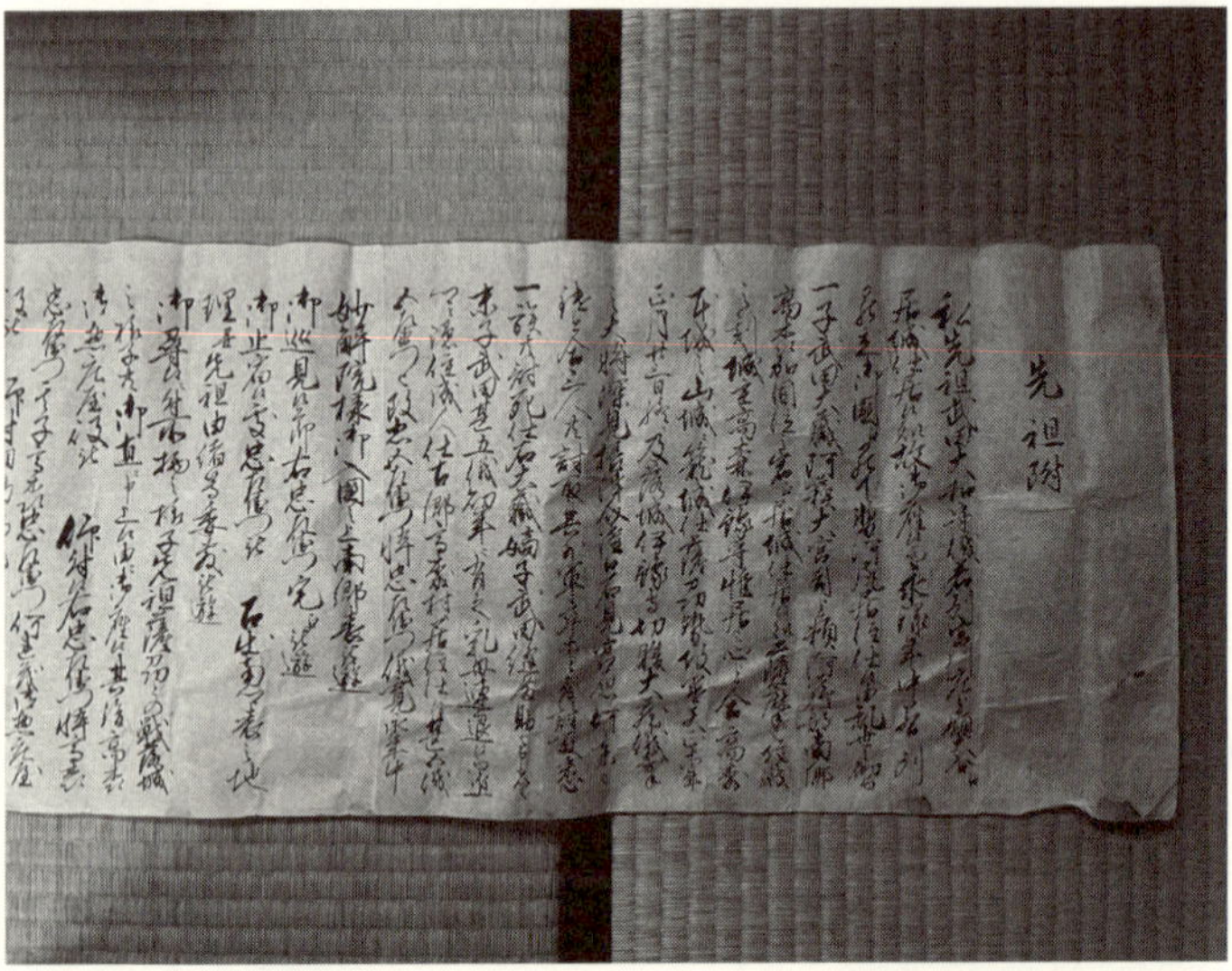

熊本・新屋敷の武田家に代々保存されている「先祖附」の冒頭部分

第二章

祖母、そして母の人生

士族の誇りをもって生きた祖母

ここで改めて、祖母・キミ（君）について書かなければならない。

亡くなってから五十年近くが経つというのに、今でも祖母は夢に登場する。決して唐突な感じではなく、そこにいるのが当たり前という感じでそばにいるのだ。母が亡くなった後は、母が夢に出る登場回数が多くなり、祖母はしばらくあらわれなかったのだが、また最近になって時々、会えるようになった。あれ、まだ亡くなっていなかったんだと、しばし安心するのだが、やがてこれは夢なのだと思うと目が覚めてしまうのである。

祖母との別れは突然に

祖母は私が十八歳の時に、七十七歳で亡くなった。しかも突然の別れだった。昭和五十年（一九七五）十二月二十九日のことである。

忘れもしない、高校三年生の冬休み。私は同級生たちと泊りがけでスキーをしに出かけるため、家を出る時に、つい玄関口で祖母にこう言ってしまったのだ。「さよなら」――。

もちろん別れを意図したわけではない。「じゃあ、行ってきます」というつもりが、なんとなくこういう言い方になったのだ。横で一緒に見送ってくれた母が後で、「尚子があんなこと言うから」といわれるほど、やはり少し奇異であった。私はそれ以来、人にも意識して「さよなら」を言わなくなったし、人から「さよなら」と挨拶されると、この時のことを思い出してドキッとするようになった。

長野だったかどこか、スキー場の旅館での何泊目かの朝早く、まだ布団の中にいる私は、あ、旅館の人が私を呼びにくる、家で何かあったなと直感が働いた。足音が部屋に近づくと、旅館の人が父からの電話を取り継いでくれたのだった。それから急いで帰り支度を整え、列車に乗ったのだが、同行していた同級生たちが一緒に帰ってくれたことを、今でも申し訳なかったと思っている。ちゃんとお詫びをしていないような気がする。

「同級生と旅に行けていいねえ」と、その別れ際も祖母は本当にうらやましそうだった。祖母も故郷の女学校時代の友人たちとの交流が続いていて、その数年前には蓼科に一緒に出かけたりしていた。皆、知的で上品な方々であった。

祖母はもともとの華奢な体質に加え、歯が悪いせいであまり食べられないことから体力がなかったために、私が出発した後に風邪をひき、そこから肺炎に悪化し、あっという間に亡くなったのだった。「こんなに苦しいなら死んだ方がいい」。枕元で看取った母への最期の言葉はあまりにやるせない。

祖母の生い立ち

祖母はどのような一生だったのだろうか。母に比べると、祖母はあまり自分のことを書き遺していない。文も字も達者だったという祖母に母は、「もっといろいろなことを書いておいて」と再三頼んでいたらしいが、複雑な家庭環境に育ったために、余計な事を書いて差し障りがあってはと、親戚や周りの人に気を遣って書きたいことも書けなかったようだ。

武田キミは、明治三十一年（一八九八）十二月二十九日、父・武田元淵、母・多喜《タキ》のもと、熊本市新屋敷町四二三番地（ここは私自身の本籍地にもなっている）で出まれた。戸籍上の出生届は、明治三十二年（一八九九）一月十一日だが、本当は前年の十二月二十九日、祖母は自分の誕生日に亡くなったのだった。年末に生まれた場合、出生届を年明けの一月にするのは珍しいことではなかったようで、私の父も十二月生まれなのに、一月二日が誕生日となっていた。

キミの学歴は以下のようになっている。手取幼稚園、手取尋常小学校、熊本県立第一高等女学校に入学（甲組）し、同専攻科卒業（担任・川上才次先生、副担任・渋谷うて先生、校長・會田良義先生と、先生の名前もしっかり記録されている）。熊本でも名門の女学校に入学する際、塾に通っていたせいで、最初の成績は前の方だったが、そのうちに半分より後ろの方になっていったと、祖母が話していた記憶がある。それにしても、先生の名前をフルネームで覚えているというのは、さすが昔の人はすごい。

いずれにしても、教育熱心だった祖母の橘が、初孫であるキミに、今でいう「勝ち組」女子のための教育をしっかり施した。父・元凞が三番目の妻に当たる後妻をめとる十七歳まで、一人娘として大切に育てられ、茶道はもちろんのこと、華道、箏、和裁などを習う。明治の女らしい、士族のプライドのようなものが子供時代からしっかりと植え付けられていた。君の小学生時代の習字や、女学校時代の箏の爪が遺されているのだが、それを見ると痛いほど伝わってくる。

古いものを整理していた時に、祖母が世話役となって作ったという女学校卒業数周年記念のアルバムが出てきた。表紙には校章のマークと「記念」という文字だけ。最期の奥付に当たる所には、なんとも雰囲気のあるイラストと、その下には「熊本市下通町三年坂通　正木三郎寫眞館編輯」、続いて小さく「一九二九―一一二」とある。

アルバムの中身は、クラスの同級生たちや先生方の卒業数年後の現在の様子がわかる写真が集められており、同級生たちの多くが夫や子供たちと一緒の家族写真だった。その中で母一人子一人の祖母は、当時住んでいた新屋敷の家の、日が当たる縁側で幼い母が向き合って何か話しているような、くつろいでいる写真が使われていた。この写真は私も好きな写真だが、祖母も気に入っていて親戚方々に焼き増しを配っていたらしく、近年、数枚が私の手元にもどってきた。一九二九年は昭和四年だから、祖母が三十一歳、母四歳。女学校卒業十五年の記念だったのだろう。これは私個人が持つよりも学校で大切に保存していただきたいと思い、同校の歴史を受け継ぐ現在の熊本県立第一高校に寄付させていただいた。

今はなき熊本県立第一高等女学校だが、二〇二三年の熊本旅行最終日、熊本城に行こうと街中を歩いていると偶然に同校の跡に遭遇した。「戊申詔書渙発記念の楠」という塔の後ろに楠の老木が何本か並んでいるのだが、戊申の年である明治四十一年（一九〇八）十月、戊申詔書発布の記念事業として運動場東端に植えられたという説明書きがあった。続いて、「戊申詔書」とは「日露戦争後、国の発展のために国民が一致団結して倹約貯蓄、風紀改善を行うことを説いたもので、教育勅語とともに国民の拠るべき基準とされた」とある。この通りは今では「オークス通り」と呼ばれているという。楠といえば熊本を象徴するような木であって、空港と市内をつなぐ大通りには大きな楠の並木があるが、これは細川護熙氏の熊本県知事時代に植えられたものと聞いた。

最初の結婚で夫や長男と死別

肥後古流家元の長女として生まれ、母不在ながら恵まれた環境で育ってきたキミも、いつかは家を出なくてはならないとうすうす考えていたに違いない。継母・すまが家に入り、敏、雪という二人の女の子に続き、三人目に男の子、元二が授かった時はそれが決定的になった。

この本の後半で詳細を語ることになる宮川家のゴッドマザー、宮川多嘉《たか》宛てに「御伯母上様」（父・元漑の姉）の添え書きで頻繁に送っていた写真が、近年、私の手元にもどってきたのだが、異母きょうだいとなる幼い妹や弟の写真に添えられた祖母の字を見ただけで、私は胸がしめつけられるような思いがするのである。

最初の結婚の相手は、いとこの上野景吉である。元凞の妹・美恵の嫁ぎ先である上野家の長男。いとこといっても景吉は実母には早く死に別れていたので、キミとは血はつながっていない。この人の写真は多く残されているが、子供の時からモダンな美少年の雰囲気で、やせ型でなかなかかっこいい。とにかく一緒に写真を写っている人たちの中でも抜きんでて背が高い。その時代としては珍しく、一八〇センチまではいかなくても、少なくとも一七五センチ以上はあったろう。母・歌子（ピーク時で一六四センチ）や私（一七〇センチ）が長身なのは、この人の血筋によるものに違いない。顔立ちも周りとは違っていて、母は記憶にないはずの父ではあるが、昔よくテレビに出ていた俳優の高橋悦史だか高橋幸治だかに似ていたのようとうれしそうに言っていた。周りに勧められた結婚ということだろうが、祖母・キミ自身がこの人に対してどういう感情を持っていたのかはまったく分からない。

キミは初婚であったが、景吉は二度目の結婚であった。前妻との間に二人の娘がいて、長女は喜久《きく》、次女は喜代《きよ》。長女の方は当初は北海道にも一緒に行っていたが、「吹雪の中を学校に通うのはあまりにかわいそう」と、途中からは熊本に戻り、上野家に引き取られた。北海道にいる両親（景吉とキミ）に宛てた手紙に既にその才能があらわれているように、子供の時から達筆で、尚絅高等女学校四年生の時には天皇行幸の天覧に浴すような才女だったが、十九歳の時に若くして病死している。喜代の方は、景吉の前妻の親戚に引き取られて育つが、戦後は結婚して東京で暮らしていたので、家族ぐるみの親戚付き合いが続き、私は子供時代から本当にお世話になった。喜代の夫は、低音の声がダンディですてきなおじさまだったが、その姉がもともと熊本でキミのお茶の助手をしていたご縁があるらしい。

子供時代、この二人の姉は目がぱっちりした美少女だったのに対し、母はかなりコンプレックスを持っていたと話していた。私は最近でこそ「歌子さん（母）にそっくりね」といわれることが多くなったが、昔を知っている親戚から「喜久子さんによく似ている」と何度かいわれたし、また「喜代子（お）ばちゃん」に似ているといわれることも度々であった。三姉妹が仲良く写っている子供時代の写真を見ながら、不思議な気持ちになるのである。

上野景吉は義母（美恵）や異母きょうだいがいる家庭環境もあってか、早くに熊本の上野家を離れた。東京農業大学土木科を卒業してから埼玉県庁に勤務し、既に結婚していたキミと共に、浦和で関東大震災（一九二三年九月一日）に遭っている。その余震もさめやらない大正十三年（一九二四）、大宮、札幌を経由して、北海道空知郡砂川にわたっている。先妻の長女である喜久と、二人の間に生まれた長男・景一の四人家族になっていた。北海道土坑組合から測量技師として招かれたもので、これは記録にも残っているが、大がかりな石狩川の灌漑工事のためであった。南国・熊本育ちの夫婦にしてみれば、当時の雪国・北海道の生活はどのようなものであったか、その環境の変化は想像を絶する。もともと体の丈夫ではない祖母のこと、偏頭痛など体調のよくない時が多かったようだ。

キミはその様子を後から振り返って、以下のようにメモしている。


最初の冬は、茶箱に大きな石炭ストーブを据えてもらった。それを据える前は炉なので、大きな炭から沢山の木炭をくべて当たり乍ら、炉の淵に何でも並べて炊事したり食事したりした。雪の中の家は屋根にも沢山積もれば、戸は動かなくなる前は五尺位積もって、玄関と台所の出口に五段の段々を毎朝作る。お隣の坊ちゃん（中学生）が遣って下さって、出入りができたら又降ってくるので、坂になってしまって。喜久子が学校から帰ってきてはすべり落ちて玄関の戸のところへ留る有様。縁側の雨戸等、風雪が入らぬよう（省略）手洗うのは、度ごとにストーブのお湯を朋（ねえや）が汲んでくれた。

北海道の思い出にと、元旦一人マントを着て前を歩いてみた　ゴム長にすべりどめをつけて近所の家の屋根の上に型どおりに雪が厚く厚く積もって、朝日が美しくかがやいて何とも言えぬ清らかさ。歩くところの雪がとけてないのでサクサクと心地よい音と足障りであった。人は誰一人出て来なかった。

内地育ちでは汲めないという、雪が凍ったところに何尺か下の方に口あいてる井戸をソーッと見物に行った事もある。すり鉢のように氷の底に水かそれも地下水ではなく不衛生的な上水と聞いた。地下水は遠い崖の下まで汲みに行かねばなかった。井戸だって随分家から離れて、平賀さんのお家の近くだった様に記憶している。

私は今年二〇二四年六月に小樽、札幌を旅し、この砂川にも足をのばしてみた。札幌から特急で一時間足らずで行くことができるが、その距離は七五キロ以上。ちょうど小田原から東京都心までの距離という感じか。近年はスイーツで町おこしをしているらしいが、行ってみると案の定、閑散といったら言い過ぎだが、なんとものんびりとしていて、平日の昼前だったこともあって、通りを歩いてもほとんど人に会わない。よくいえば広々としていて静かで実にここちよいのだが、これが百年前の冬だったらと思うと、祖母はよく思い切って、よくがんばったなあとつくづく思うのだった。まだ二十代半ばという若さもあったろう。

灌漑工事には日雇い労働者が大勢働いていたこともあって、景吉は慣れない環境の中でも日曜祭日も弁当持参で休みなく精勤したらしい。そのせいで、翌年の大正十四年（一九二五）夏には北海道の風土病であった腸チフスであっけなく亡くなってしまう。享年四十二歳。なんと母・ウタが生まれた翌月のことだった。そしてその数週間後には、歌子の兄である二人の長男・景一も病気で立て続けに亡くなるのである。この時のことは、娘のもとに熊本からかけつけた武田元凞の、後述する旅行記によって克明に記録されている。

祖父・上野景吉の性格は、伝えられているところでは、「おとなしく、真面目、社交下手」。手先が器用だったようで、篆刻《てんこく》や彫り物などが趣味だったという。当時、北海道で家のことをいろいろしてくれていた「ねえや」、谷口朋は、父親を知らない歌子が成長してからも家族のような長いつきあいがあり、「いい人だったよ」と話してくれたという。両親もその両親も、私の近親者はほとんどがこの「おとなしく、真面目、社交下手」タイプ（「天然」とも言える）で、それとは逆の人はあまり見当たらないのである。

写真以外に上野景吉を物語るもので遺されているのは、北海道土坑組合時代の資料のほか、北海道から持ち帰った黒檀の座卓、そして自作の鎌倉彫の未完成品。北海道からもどった熊本の上野家は、戦災に遭って消失してしまったので、数少ない遺品となっているが、長い時間を経て受け継がれ、特に座卓は我が家の和室に鎮座して今も使用している。その隣に寄り添うように置かれた桐たんすは、大正初期から百年以上の時代を経て、祖母から母、そして（大修復を経てよみがえり）三代目の私に受け継がれている。

実家敷地内の新居での生活

夫・景吉の死後、キミはどのような生活をしていたのだろうか。いったんは夫の実家である熊本の上野家にもどったが、親戚とはいえ、いや親戚だからこそ、居心地がいいはずがない。結局は親子共に武田の実家に復籍したのである。

元淵は、熊本市史にも記録されている学者の中島広足が所有していたという、新屋敷町四二三番地の五〇〇坪の敷地を購入し、その屋敷で暮らしていたが、キミはその生まれ育った実家の敷地の一角に新しく二階建ての家を建てた。昭和元年のこと、建築費用は約三千円だったという。三十歳にも満たないキミが、夫と長男を失くし、乳飲み子の母を連れて、これからどのように暮らしていこうかとあれこれ考えた上での決断であった。

母はここに女学生まで一緒に暮らしたわけだが、記憶をたどって、この家の見取り図を残している。新屋敷町四二三番地は、道路前の目の前に白川小学校があり、後ろには白川が流れ、その間の数百メートルの、今は河川敷のようになっている場所である。白川寄りに元淵の母屋。そして白川小学校側の道路寄りにキミの建てた家があった。敷地内には、竹林や井戸、そして高森から移動してきた天満宮、さらにお茶の家元の家らしく茶の木も植えられていた。

家を建てるにあたって、材木は、キミが生まれた時に高森に植樹されたという木を使用。襖や障子の表具は、お茶のお弟子さんにあたる槙寺さんという人に依頼した。キミ自身が設計をいろいろ考え、一階には玄関や台所に三部屋（八畳、六畳、四畳半）の他、離れには元漑の案で牛窓や腰壁のある正式な茶室が作られた。二階の三部屋（六畳、六畳、四畳半）には、キミの母校である熊本第一高等女学校の女性の先生たち三名（裁縫、国語、数学がそれぞれ専門）に入居していただき、その収入で親子の生計を立てたのである。朝食と夕食は階下の茶の間で家族と一緒にとり、それは家庭的で和やかな雰囲気であったようだ。この先生の中には、香川の栗林《りつりん》公園管理者（？）に嫁いでいった人もいたと話していた。

キミは、熊本第一高等女学校や熊本市高等女学校、花嫁学校の白梅寮などに茶道を教えに行っていたので、炊事や家事には女中さん（ねえや）を雇っての生活であった。敷地内には、母にとっての祖父母、叔母二人、叔父の家族などが暮らしているのも安心で、歌子は皆にかわいがられて育ったようだ。キミが出かけている時は母屋にいる時も多かったようで、幼稚園や小学生時代の絵日記にはその様子がよく描かれている。夏休みに親戚の別荘に出かけた時の思い出も含めて、「この子供時代が幸せであった」ことは度々もらしている。

熊本県立第一高等学校のウェブサイトを見てみたら、今も茶道部があり、肥後古流の先生が教えに来ているとある。百年以上続く文化が継承されていることを祖母も喜んでいるだろう。

再婚後に武蔵小杉で母と同居

ところがこの親子の生活も長くは続かなかったのである。昭和十六年（一九四一）年一月、キミは徳永一《はじめ》と再婚し、「徳永キミ」となる。四十二歳の時であった。今でいうなら初婚も珍しくない年代だが、当時にしてみれば、後半人生というものを見据えたものであったのだろう。キミと同じ勤め先の第一高女で数学教師をしていたらしいが、茶道のお弟子さんからの勧めもあったようだ。一人娘のためという気持も強かったようである。ところが、当時十六歳だったウタが母親の再婚を知るのは、なんと女学校の先生に呼ばれて先生から明かされた時だったというのだ。こういうだめなところが我々の家族の中にはあって、肝心なところになると面と向かってきちんと話をしない。ウタは繊細な年ごろであったこともあって、この結婚には嫌悪感さえおぼえていたようだ。

キミが自ら建てた家を出て、熊本・渡鹿の家に住むようになっても、新屋敷の家での先生方の下宿は続き、ウタもそのまま住んで女学校卒業後はそこから勤めに出ていたりした。戦争が激しくなって、新屋敷周辺も一面焼けてしまったらしいが、その広い敷地に樹木が自然体で生い茂っていたことが功を奏したのか、武田家の二棟だけは焼け残ったのであった。熊本市内も戦争の被害は少なくなく、母も伯母たちと一緒に焼夷弾が落ちてくるのを何度か逃げ回ったと話していた。

戦争がやっと終わったと思ったら、次は水害。昭和二十八年（一九五三）の白川大洪水は全市を水浸しにしたほどだから、川沿いに建っている家の床上浸水の被害は相当のものであったはずだ。水が引いた後も家の中にまで土砂が積もったり、家の中のものが流されたり、傷んだりで、元の生活にもどるまでに何か月もかかったという。その修理の諸費用が莫大であったため、結局、キミは自分が建てた愛着のある家を売却することを選んだのである。当時、景気の良かった九州産業交通の社長が購入したが、数年して亡くなり、最後は解体され、材木にして売られるという運命に終わってしまった。母・ウタはその無念さと、幸せだった子供時代の記憶を持ち続けるためにであろうか、父と結婚してからの家族全員の本籍をその白川端の家のあった住所にしたのである。

母があれほど嫌っていた義理の父であったが、結局はこの両親を東京に呼び、結婚前の昭和三十年（一九五五）から十年以上にわたって一緒に住むことになるのである。祖父・一が八十五歳で三月三日に亡くなったのは、私が小学三年生の時であったと思う。当時の担任だった日並先生が同じ広島大学卒だったので、祖父の葬儀にかけつけてくれて、頭を下げて見送っている姿が今でも目に焼きついている。やさしいおじいちゃん、私にとっては身近な人が死ぬという初めての経験だったので、子供ながらに神経症のような症状になってしまった。毎晩、お決まりのように天井の木の節目を数えて、おまじないをしなければ眠れなかったことを覚えている。

祖父・徳永一は、祖母・キミよりも一回りは年上だったように記憶している。先妻の間に二男二女がいて、私の子供時代は夏休みなどにそのいとこたちとも行き来していたが、いつのまにか交流もとだえてしまった。

祖父の娘の一人に、「悌子《ていこ》おばちゃん」という独身の、モダンな眼鏡をかけたおしゃれな人がいた。確か、母と同い年。黒柳徹子の若い時に似ているというイメージだった。何とも言い表せないのだが、特徴ある声と話し方が耳に残っている。ひらひらしたワンピースを着て珍しく笑っている幼い自分の写真をよく見ると、その悌子おばちゃんが家に遊びに来た時だったので、私は彼女に会うのがうれしかったのだと思う。画家の恋人がいるという噂を後から聞いた。生まれて初めて映画館に連れていってくれたのも確かその悌子おばちゃんで、ダルメシアンが画面いっぱいに飛び出してくるディズニー映画『一〇一匹わんちゃん大行進』を見た衝撃は大きかった（ちなみに、私にとっての人生初の映画は、五歳頃にテレビで観たフランス映画の「禁じられた遊び」。あの切ないメロディと共にすっかり感動して泣いたのを覚えている）。手先が器用だったらしく、彼女が祖母に編んで贈ったという黒のレース編みのショールを私が譲り受けている。

徳永一は広島高等師範学校（現在の広島大学）で数学を専攻し、台湾、鹿児島、広島、そして熊本を歴任し、旧姓中学校、高等女学校などで教頭まで勤めていたという経歴を持つが、数学の先生の割にはお金に無頓着で、祖母によく怒られていたという印象が強い。恩給証書を担保によく質屋にお金を借りに行くのが日常で、胃潰瘍の持病に加え、晩年に今でいう認知症がだいぶ出てきてからは、街に出ては道端で安物の食器などを買ってきては祖母にあきれられていた。そんなふうに温和でのんびりとした性格で、面倒見がよく、怒ることもなかったから、きっと子供たちには求められるままにお金をわたしていたのかもしれない。祖母との結婚の時には財産目録まで見せて安心させていたというが、一緒に住むようになってから祖母はいつもお金には苦労していたようだ。

庭仕事が好きだった祖母

私にとっての祖母の思い出は、ふんふんと鼻歌をうたいながら、庭仕事をしていた姿である。狭い庭だったが、よく庭に出ては植物の世話をしていた。武蔵小杉の家の庭にあったのは、実がなるとジャムを作ったイチジクやその他の低木、ベコニアや匂いの強いゼラニウム（当時は「アオイ」といっていた）などの丈夫で明るい花が咲くものがあったのも覚えている。

ちょうど庭の向こう側にあるお隣のアパートに越してきた、奥野さんというきれいな若奥さんと仲良くなって庭越しによく話していた。この奥野さんはそのうちにどこかに引っ越していったのだが、祖母や母が亡き後も、実は今でも年に一度、年賀状のやりとりが続いている。和夫ちゃんというかわいい男の子はすっかり大きくなり、今ではロゴマークや校章を手掛けているグラフィックデザイナーとして活躍していて、奥野さんの年賀状には毎年、その息子さんである和夫ちゃんの作品が描かれているのだ。もう長いこと会っていないのに、奥野さんの明るい笑顔や声がまざまざとよみがえる。

祖母の植物好きは私が受け継いでいて、祖母のように詳しいわけではないが、なにかというとベランダに出て植物をながめたり、花殻をとったり、鉢植えの雑草を抜いたりしている。そうしているだけでなんとも幸せな気持ちになるので、祖母もきっとそうして癒されていたのではないかなと思って、涙が出そうになったりするのだ。

また、祖母は控えめな性格ではあったが、外でよその人に話しかけている光景を思い出す。例えば、通りで急に雨が降ってくると、傘なしで歩いている学生さんなどに「一緒にどうぞ」という感じで自分の傘をさし向けていたし、電車の中では荷物を持って目の前で立っている人に「膝の上にどうぞ」と声をかけていた。こういうことがまだ珍しくない時代だったのかもしれない。なかなか祖母のようにはできないが、私もそういう人でありたいと思っている。

逆に苦い思い出もある。電車の券売機が機械になり始めた頃（それまでは窓口で駅員さんが一枚一枚切符を売っていた）、機械に慣れずにもたもたしている祖母に、私は冷たい言葉を投げかけてしまったのである。その時の祖母の半分怒ったような悲しい表情は忘れられない。まさに時代がめぐって同じことを今の私が経験しているのであって、急速に進んだデジタル化の波の中で戸惑う自分に、若い人が嫌な顔をせずに親切に教えてくれる時はとてもうれしい。

もう一つ、書き忘れてはならないことがある。私が中学受験をする際に、「自由学園」という選択肢をとったのは、祖母の影響である。もちろん、世の中の受験競争には巻き込ませたくないという両親の考えが前提にあったことはいうまでもない。それ以前になぜ中学受験を望んだかというと、近くの市立中学にだけは絶対に行きたくないという私の強い意志によるものだったのだが、その理由は制服があまりにださく、あれだけは絶対に着たくなかったのだ。初めて白状するが、当時はセーラー服に憧れ、近所で学校帰りの女子学生を待ち受け、どこの学校に通っているかをリサーチするというバカなことをやっていた。結果的には（革のベレーの制帽のみで）制服のない学校に入ることになるのだが。

話をもどすと、祖母と自由学園とのつながりは、女学校時代に小説を読むことを禁じられていたことから、日本の女性新聞記者の草分けであった羽仁もと子が創刊した『婦人之友（創刊時は『家庭之友』）』を愛読するようになったことにあった。同誌は明治三十六年（一九〇三）に創刊され、婦人雑誌のパイオニアという歴史的な位置付けがされている。羽仁もと子・吉一夫妻はさらに、大正十年（一九二一）には理想の学校を目指して自由学園（目白にあるフランク・ロイド・ライト設計の明日《みようにち》館《かん》が同校誕生の場）を創立、昭和五年（一九三〇）には『婦人之友』読者がつくる「全国友の会」を成立している。

北海道から熊本にもどり、母校の先生方に部屋を貸しながら、親子で新しい家で生活をしていた祖母は、昭和七年（一九三二）の熊本友の会発足と共に同会に入会している。毎日の献立や食事作りは『婦人之友』を参考にし、生活様式や母の教育なども、なるべく羽仁もと子の理想に近づこうと努力したという。自宅で最寄り会を開いたり、同誌が提唱する「生活合理化」展の時は倒れるまで働いたりと積極的な活動を行ったらしい。その時に東京から来た自由学園の生徒や卒業生の働き方にはいたく感激したと話していた。再婚や戦争といった混乱の中で、いつしか『婦人之友』とも「友の会」とも遠ざかっていたが、数十年後に、再び自由学園と巡り合うことになったのであった。

祖母は何かに抵抗するというよりは、その人生を受け入れ、運命に身をゆだねながらも、プライドを持ち続けながら、常に新しい学びや刺激を求めていたところがあった。二人の孫が自由学園に入学することを喜んでくれていたと思う。高等科一年の時の「我家の百年の歴史」の聞き取りの際には、自分を振り返って「封建的な学校教育と、禅道と茶道、そして羽仁もと子の指導によって、自分を育てていった」と、精神的な指針を話していた。

大正末期に旅した曾祖父の北海道日記

祖母・キミのことをもう少し知る上で、曾祖父・元凞《もとのぶ》が大正時代の末期に書いた北海道日記は貴重な記録といえる。そのオリジナル元本は紛失しているが、時間を経て、祖母、そして母が転記したもの（コクヨの便せんに六十三枚）を、近年、私がパソコンに打ち込んだ。祖母も母も、元凞が日記をつけたのと同じ夏という季節にこの転記に挑んでいるのは偶然かもしれないが、景吉や景一の命日を想う気持ちがどこかにあったに違いない。

元凞は六十の還暦を前に、熊本から汽車を乗り継ぎながら北海道・札幌、砂川まで行く。おそらく人生最長の旅であったろう。到着直後に婿である上野景吉が亡くなり、その翌月には初孫であった景一も亡くなった。その二人を看取った後に、まだ生まれてまもないウタを連れて、家族全員で熊本に帰った。日記はそのおよそ二か月の旅の模様である。
日記といっても、気軽なメモ書きのようなものだが、当時の北海道の様子だけではなく、何を食べていたのか（けっこう「食パン」も登場する）とか、お風呂に入るのは数日おきだったのだなとか、旅の疲れで体調を崩していた様子がリアルに伝わってくるし、ファミリーヒストリーに連なるいろいろな人物も盛り込まれている。

婿と初孫の死に目に立ち会う

武田元凞は、長女・キミから夫の重病の知らせを受け、その任地である北海道空知郡砂川に向かった。大正十四年（一九二五）夏のことである。当時、熊本から北海道砂川までは列車を乗り継ぎながら、三日かけての長い旅である。車窓から見える景色や、方々で出会う人々とのやりとりが簡潔に記されている。砂川に到着するやいなや、景吉危篤の知らせ。一里歩いて駆けつけた避病院（伝染病専門病院をこう呼んだ）での最期のやりとりはこんなふうだ。

注射して続き居り、声かけしもわからず。暫くして来れり分るやと云えばうなづく。何か云わ

んとしたれど言葉出ず。又暫くして伝言を云えば又、うなづく。けいれん起る。注射数度に及ぶ

翌七月二十六日の明け方、急いで防衣服を着て枕元に行くと、既に顔色が変わっていて、四時に「ことされる」とある。

四日後、西に真菅山の見える経王寺で葬儀が行われるが、この時の集合写真が残されている。木造のお寺の前の両側に参列者が数十人。戒名を大きく掲げた仏壇中央の左には僧侶、右にはまっすぐカメラの方を見ている元漸の姿、隣にはうつむいた姿のキミがいて、二人の間には幼い景一が立ってこちらを見ている。その帽子の後ろ側をキミが手で押さえているように見える。そしてその横にいるねえやの腕に抱かれているのが、顔は見えないが、白い産着に包まれた母ウタである。

その翌週、八月になると今度は孫の景一の様子がおかしくなる。元漸が久しぶりに会った孫を「あまり成長していない」と感じたのが的中してしまったのだ。その心情を以下のように和歌に託している。

まさみちに人を導ひき百まきも　重ねし文ぞ貴かりける
旅路にて孫の病を守る夜半、云うに云われぬ寂しさそする
むこは死し孫は病に伏しぬれば軍《いくさ》の庭の心持《ここち》せらるる

札幌に現存するカトリック系の天使病院に入院し、発熱、注射、腸洗いなどを繰り返すが、一週間で息をひきとる。同じ日に同病院では子供が三人亡くなったというほど、当時は死というものが身近にあったことがうかがわれる。カトリックでは火葬が禁じられていた関係で、病院では仮式で葬儀をしてくれる。その様子を元凞は次のように綴り、和歌も添えている。

屍の横に燈火左右、中やはりつけの十字架を立て、コップに水、木の葉の小枝あるをつけあり。聖書を読み、後に「童子罪なく天国に行き永遠の生命を得てよろこぶ」と云事。国語にて読み終わりて、きみ泣かず。助手泣きおれば、母と思い天に行きてよろこぶ事を談し聞かす。愚憎の読経に勝ること十倍なり。昨日、景一がお寺さんは嫌いと云うもうべなり

言出ん言の葉もなし　婿と孫と　日をへだてずに　かくれ果てしは

私は今回の旅で、この「天使病院」にも足を伸ばしてみた。札幌駅からはスマホの地図案内片手に迷いながら徒歩三十分弱で到着。最初は幼稚園、その隣にあったカトリック教会（カトリック北十一条、フランシスコ修道院）で病院が次の区画にあることを教えてもらう。近隣には系列の大学まであ

り、病院も小児科に限らない中規模の総合病院になっていた。日が差し込む中庭のマリア像が、幼子を抱えて佇んでいるのを見ながら、患者さんもまばらになった昼時の待合室でしばし腰かけて時間を過ごした。

南国・熊本育ちの夫婦にとって、新天地を求めて決断した北国行きは、最初は希望にあふれていたものに違いないが、慣れない北海道の気候風土や生活が、家族の健康をむしばんでいったというしか言いようがない。もし、北海道に行く決断をしていなかったら……、歴史に「もしも」はないのである。それにしても、祖母も母も病弱な体質であったのに、その後、祖母は七十七歳まで、母は九十歳までよく生きたとしみじみ思う。

キミは夫と長男を亡くして、まさに茫然自失だったと思うが、感情をあらわすどころか、涙一つ見せていない。父親がはるばる熊本からかけつけたことはどんなに心強かったかと察せられるが、それでも安心して気が緩むというそぶりも見せない。あまりに次々に悲劇がおこり、泣く余裕さえないほどの極限状況だったのではないだろうか。

私がものごころついてからも、祖母がこの時の話をするのを聞いたことがない。既に自分は再婚しているからという自覚もあるだろうが、この時のことを忘れるはずはない。士族の娘であったキミはそういうところがあった。私は祖母の涙を見たことがなかった。

それから百年近くの歳月が経ち、母がとっておいた祖母の遺品箱から、大きく引き伸ばされていた長男・景一の写真と、夫・景吉の葬儀の写真を目にしたときは、胸がつまるような思いがしたのであった。

北海土功組合の偉業

景吉の死に際しては、その雇い主であった北海土功組合には何から何まで世話になったことが、元澟の手記には記されているが、その組合の責任者であった友成仲《ともなりなか》氏の名は旅行記にも何度か登場している。亡くなって直後の弔儀の来訪をはじめ、葬儀の段取りや列席、その後の引っ越しの手伝いを指示するなど、実にきめ細かい。深川幹線用水路、空知幹線用水路の働きによって、大正十一年に設立された北海土功組合に、翌年、主任技師として六十六歳で招聘されたベテラン技師であり、北海幹線用水路八二キロメートルという国内ではそれまで例のない長大な用水路の完成に貢献した人物である。

その人と事業については北海道の土木のパイオニアとして、北海道にある建設総合会社・草野作工のウェブサイトが以下のように紹介している。

北海道一の大河・石狩川流域に広がる石狩平野。そのうち空知地方には、日本一の長さを誇る農業専用の用水路が流れている。「北海幹線用水路」は、石狩川中流域左岸の赤平市から南幌町まで七市町にまたがって延び、総延長は約八〇キロメートルに及ぶ。現在も、毎年五月から八月末までの四カ月にわたって最大毎秒四四トンもの大量の水を空知川から取水し、石狩平野の水田を潤している。

この巨大な用水路は、一九二四（大正十三）年に着工してから四年ほどという、まれに見る短期間で完成。まだ重機もなく、ほぼ人力で掘削していた時代のことだから驚く。それから百年たらずで、北海道ひいては日本を代表する米どころが出現した。

この北海幹線用水路を含む、空知地方の「三大幹線用水路」と言われる大規模な農業用水路建設で大きな役割を果たしたのが、主任技師として携わった友成仲《ともなりなか》である。それも、五十歳を過ぎ人生の後半にさしかかってからやり遂げた大仕事だった。

（柴田美幸「友成仲――不毛の地を水田に変えた、長大な水の路」、同サイトに掲載）

友成の名と共に、元凞の手記によく登場するのが若い技師、平賀栄治であり、おそらく持ち前の機転を利かせて友成の片腕のような働きをしている。

平賀は回想録の中で、「我国でも稀な大かんがい工事」であり、誰も経験を持たない特殊なものだったとし、「技師長の保有された体験談とその圧力とには動ぜられた」と振り返っている。平賀のような新進気鋭のエンジニアは、幾多の経験を積み上げたベテランエンジニア友成のもとで力を発揮し、用水路の完成へと導いた。そして、過酷な環境下で人力での作業に従事した大勢の人々がいたことも忘れてはならないだろう。

一九三〇（昭和五）年、友成は職を辞し東京へ戻った。長年の疲れからか病を得た友成は、翌一九三一（昭和六）年に死去。享年七十五歳であった。

友成たちが汗を流して作り上げた用水路によって泥炭地への造田は進み、石狩平野を一大穀倉地帯へ変えた。その水は今も脈々と流れ続けている。（同右）

友成仲氏の功績を記念するために、昭和八年（一九三三）、北海道の赤平にある北海土功組合水源地水天宮境内に胸像が建てられたことが、同記念会の資料にあるが、それは今もあるのだろうか。土木技師という仕事について、私が具体的なイメージが浮かぶようになったのは、アフガニスタンで用水路を作った医師の中村哲氏のドキュメント番組を見てからのことだ。その後の農業や産業を大きく変える、まさにインフラとなる仕事なのである。

今や穀物や野菜にとって「北海道産」は強力なブランドだ。私は今回の北海道の旅で、実に多様な米や農作物が店頭に並んでいる豊かな光景を見ながら、この用水路が果たした役割の大きさを想うのであった。

平賀さんとの数奇な再会

北海土功組合のメンバーとして数名の同僚や後輩の名前が出て来るが、その中でも私が目を引くのは前述の平賀栄治さんである。友成仲氏の時には代理を務めたような存在で、昭和六年（一九三一）の友成氏亡き後の記念会の活動にも尽力した記録が残されている。

景吉と同じ東京農業大学の農業土木科出身だが、年齢は十歳近く年下。大学の助教授だった上野栄三郎（忠犬ハチ公の物語の主人公として有名な日本農業土木・農業工学の創始者）の推薦で、卒業後は宮内庁・帝室林野管理局（現・林野庁）農務課の雇員となるが、大正十一年には宮内省を退職後、北海道・空知川の全流を取水した新運河の開削と石狩川左岸一帯の水田開発という大事業にかかわることになるのである。

その後、北海道・紋別、岩手、朝鮮、奈良と、技術者として数々の工事を手がけた後、昭和十五年

（一九四〇）には多摩川右岸農業水利改良事務所の所長に任命され、十二年かけて二ケ領用水改良事業を完了させるなど、晩年は多摩川の事業に尽くしたという。昭和四十五年（一九七〇）年には、勲五等瑞宝賞受賞。昭和四十九年（一九七四）におきた狛江の大水害（多摩川の氾濫）は、山田太一原作『岸辺のアルバム』で有名だが、その原因については執念の調査で論文を書き、昭和五十七年（一九八二）年に八十九歳の生涯を閉じたという記録がある。

実は、北海道・砂川での別れから三十数年を経て、祖母・キミは、熊本から移住した神奈川県川崎市（武蔵小杉）で偶然にも平賀さんご一家と再会を果たすのである。武蔵小杉は渋谷と横浜を結ぶ東急東横線のほぼ中間に位置し、多摩川にもほど近い場所にある。祖母は通りを歩いている時にもしやと声をかけた（あるいは、かけられた）ようだ。お互いの家が、徒歩五分以内という近さ。私が物心ついた頃は、既に家族の会話に「平賀さん」の名前は頻繁に登場していた。妹がそのお孫さんと同い年、同じ幼稚園に通っていた縁で、家族ぐるみで親しくなり、私も何度かお宅にお邪魔させていただいた。奥様のはなさんや息子さんと奥様の和子さん、そしてお孫さんたちのお顔や雰囲気もおぼろげに覚えている。年の離れたお兄さんに書道を習ったような記憶もある。

母が武蔵小杉を離れて、小田原に移った後も、和子さんとは長く年賀状のやりとりを続けていた。この和子さんは実に気の利く、よくできた方で、もともとは平賀栄治さんの仕事の秘書か何かをしていた関係で、息子さんの後妻に見込まれたという話を聞いたことがある。上品で品格のあるご一家であった。元淵も景吉もあの世でこの再会をほほえましく見ていたことだろう。

十年ほど前にご自宅のあった付近を歩いてみたが、残ったご家族は既に横浜へと移転し、その敷地には低層マンションが建てられていた。そばには私たち姉妹が行っていた幼稚園があり、また日曜学校で通っていたカトリック教会とのちょうど中間に当る位置にあり、通りには当時の懐かしい余韻のようなものが残っていた。

留守宅をあずかっていた妻

元淵はこの旅行記の中で、実にまめに親戚や弟子やらと手紙のやりとりをしている。もちろん、今のように便利なEメールがあるわけではないし、電話さえもまれにしかなかったわけで、緊急の連絡は電報という時代だ。最も頻繁にハガキや手紙でやりとりしていたのは、家元が留守にしている熊本の家をあずかっていた妻のすま。前述したように元淵の三人目の妻であり、その後、三十代半ばで後妻に来てから三人の子供を産み、半世紀にわたって、この家を支えた。現代に至る武田家を形成する基となった人である。

祖母にとってはこの十七歳年上の新しい母によって運命が大きく変わっただけに、微妙な感情はあったと思うが、祖母も母もなさぬ仲でありながら、亡くなるまで「ばばちゃん」「ばばちゃん」と呼んで親しんでいた。特に母は、血のつながった孫のようにかわいがってもらったらしく、大好きだったようだ。やはり幼い時に父親を亡くしたことから、「あんたと同じ境遇だった」と同情していたという。

すまの実父・栃原知定（すまの出生した明治十五年（一八八二）に亡くなっている）は、現在の白川小学校の校庭になっている場所に、幕末から明治にかけて栃原塾を開いていた人で、その門下生には北里研究所創立者の北里柴三郎博士もいた。新紙幣千円札の顔となっている人物である。すまの長姉が同病院の婦長を長く勤めていた関係で、すまも三十代まで東京で看護婦として働いていたキャリアウーマンだった。休日は外食や芝居を楽しむという暮らしだったので、このお嫁入りはなかなか苦労の多いものであったに違いないと母は記している。なさぬ仲の娘に気を遣いながら、三人の子供の養育、朝早くからお茶の稽古に見えるお弟子さんの応対、茶道の行事と、気の休まることのない一生だったに違いない、と。

私は子供時代に熊本で会っているが、どことなく遠慮がちで控えめな感じで、静かに笑っている印象が強い。私が生まれた時にお祝いにいただいたお雛様の絵の掛け軸は、今も年に一度、ひな祭りの時に床の間にかけている。

ちなみに栃原家は、『城下の人』の著者・石光真清、恵比寿麦酒の初代支配人・石光真澄、日本陸軍軍人の石光真臣、さらに元総理大臣の橋本龍太郎ともつながる家系である。この石光家は、元凞の姉の嫁ぎ先である宮川家の家系図ともつながっている。

すまは九十六歳で大往生したのだが、その葬儀は遺言にしたがい、キリスト教で行われた。仏教式が当然と思っていた周りもその遺言にはびっくり仰天だったらしいが、最期だけは願い通りに、長年秘めていた信仰を貫きたいという思いだったに違いない。

武田家親族の二大エリート

次に、同旅行記の中でも親戚のキーパーソンとして、密に連絡し合っているのが、乗り継ぎの東京で何かと世話をしている中島為喜《ためき》（元凞の姉、美恵の嫁ぎ先である上野家。景吉と異母兄弟に当たる琴が嫁いだ夫）と、関西で帰りに立ち寄ることになる宮川之雄（元凞の姉、多嘉の長男）である。見るからに頼りがいのありそうな恰幅のいい為喜と、繊細な雰囲気を持つ美男子の之雄。見た目は対照的な二人であるが、この二人はファミリーの知的かつ文化的な部分を支えているといっていい。時を経てもその子息の方々とは今もつながりがあるのだ。

中島為喜は、大阪朝日新聞の編集長から熊本電気会社の社長になった人物である。中島家というのは細川忠利公に随従して小倉から肥後に下った家であり、維新時の当主である保度と親子の次男として、明治十四年（一八八一）、七月二日に熊本市千反畑町で生まれた。壼川小学校から済々黌《せいせいこう》を経て、第五高等学校を卒業後東京帝国大学法科に学び、明治四十年（一九〇七）に卒業。大阪朝日新聞に入社して政治外交記者から編集長へ。当時は長谷川如是閑の名前が編集長に連なり、夏目漱石も寄稿している。記事の言葉が政府の忌諱に触れたことをきっかけに、主筆・鳥居素川以下一同が辞職。大正日日新聞を創刊し、新進気鋭のはつらつとした紙面であったが、経営難に陥り、身売りを余儀なくされる。退社後に外遊を経て、大正十三年（一九二四）、細川家の家扶となり、細川家の財政、事業の立て直しに献身することになる。さらに、熊本県の産業や経済の振興のために設立された熊本電気会社の監査役を皮切りに、取締役、専務取締役を経て、昭和十四年（一九三九）に社長に就任し、昭和十六年（一九四一）に辞任するまで積極的に事業を拡大した。晩年は、三角西海岸黒崎の別邸に閑居し、昭和二十三年（一九四八）に脳卒中に肺炎を併発して六十歳で亡くなったという（以上、熊本日日新聞連載「くまもと近世財界人傑伝」（桑野豊助）から）。この黒崎の別邸は、私の母も少女時代に何度か遊びに行ったようで、昔を懐かしんで時々話していた。

元凞が北海道の行き帰りに立ち寄ったのは大正十四年（一九三九）であるから、ちょうど社長に就任して忙しくしていた時期である。東京と熊本の二拠点で動き回っていたのだろう。三人の子息は共に戦前の東京帝国大学卒業なので、おそらく家族の生活は既に東京が中心になっていたものと思われる。特に、北海道からの帰りは一家が住んでいた関口台町（肥後細川庭園や永青文庫にもほど近い）に滞在し、二週間ほど東京で過ごしている。旅の疲れがピークになっているせいか、元凞もキミも下痢を繰り返しながらも、知人に会ったり、香典返しの買い物に行ったりと忙しく、為喜・琴ご夫妻は忙しい合間を縫って実によく世話をしているのがわかる。九月十二日には、為喜氏はアメリカの山（カナダのアルバータ山の世界初登頂）から戻った登山家・槇有恒の迎えに、彼をサポートした細川護立侯爵と一緒に横浜に行ったりしている。

そうこうしているうちに関西からも連絡が入る。宮川之雄から為喜宛てに書状が届いたり、また元凞には姉・多嘉から「イッカエルカゼヒアイタイ」という電報が届いたりする。

いよいよ東京を出発し、笹子トンネルを通り、名古屋、京都、奈良と、それぞれ一泊しながら、天王寺から浜寺へ向かう。

姉様（宮川たか）、渡辺方御出中、直ぐにお帰。すぐ帰ると云えば、浜寺に伴いゆかんと、之雄の帰りを待ち、渡辺方へ一寸ゆく。六時すぎて之雄帰らす。姉様と三人行く。浜寺まで出てみる。日柄喜にて晩食。馳走成し下さる。甚美味なり

九時発ち、共に電車に乗る。「諏訪の森」にて姉様下車、お別れ申す

その四日後、一行は熊本に到着。長い旅の幕が引き、日記はこの九月二十二日で終わっている。

鹿児島下り一番、六時五十五分のに乗る。午后一時過、安着す

上野敬次氏、姉様（上野美恵）、不破、森あや、関、大迫夫妻、迎えに来りおりる。予、姉様、きみ、自動車に骨を持帰る。山田、水道端まで来り居る。午食の馳走になり、夕方、帰り浴す。

浜寺姉様（宮川多嘉）へ安着のハガキ出す

宮川多嘉とその長男である之雄については、この本の後半で詳しく語ることになるが、ここで少し紹介したい。元凞の姉、多嘉が嫁いだ宮川家というのは、やはり熊本の士族で三百五十石。夫・房一は政治に一生懸命というタイプだったが早世し、確定できる写真は遺されていない。大量に写真が残されている多嘉とは対照的だ。房一の父、宮川房之は、明治四年から九年まで五年四か月にわたって、長崎県知事を務めた人。佐賀の乱など世情騒然としていた時代であるが、キリシタン禁制が撤去されたのもその就任の間の出来事であったという。幕末の幼名・宮川新之助時代に、横井小楠への襲撃を目撃したのを役所に伝えたことが、京都南禅寺の横井小楠の墓碑に書かれているという。

宮川多嘉の長男、宮川之雄は明治十七年（一八八四）、十月十日、熊本生まれ。先ほどの中島為喜より三歳年下になる。同じ第五高等学校を卒業後、之雄の方は京都に行き、京都帝国大学を卒業後、紡績会社の経営に参加する。綿花から綿糸を作る紡績業は当時の日本を代表する産業で、まさに国の近代化を担って、エリートたちがその事業にかかわったのである。函館の樋爪友子と結婚し、五男二女をもうけるが、昭和八年（一九三三）に四十九歳の若さで亡くなる。結核であった。

多嘉が残した和歌の記帳を嫁の宮川友子さんから借りて祖母・キミが書き写したものが残っているが、そこにはきょうだいや親子が近況や心境を和歌に託して伝えた習慣があったことが分かる。時代は大正末期から昭和初期にかけて。それを見てもきょうだいの中で多嘉と元凞は特に仲が良かった様子が伺える。また、之雄が母・多嘉に宛てた以下の和歌には、既に病気の暗雲が立ちこめている。

君の贈る羽根の蒲団にやわらかく　軽く病を過さんとぞ思ふ
病の山既に越えにし身にしあれば　羽根得て飛ばん諏訪の森へと
人の年尽くして天の命《めい》をまつ　吾が心根は安らかりけり
皆人の情の心《こころ》身にうけて　おのづ涙のしみ出《いで》るらむ
み佛の心と鬼の手を持てる　外科のくすしはおがまれぞする
君の病いとど易しときくからに　吾も癒《い》えにし心地こそすれ

子を想う親の心は岩金《いわがね》を　断ち切る例え有るとこそきけ

気の侭《まま》に地獄極楽《じごくごくらく》ありぬべし　病の床にも常のことにも

四十年も堅く氷りし吾こころ　情の風に溶けそめにける

哀《かな》しさを知りそめてより詠みそいでし　吾の歌心おかしかりけり

昭和と共に歩んだ母の人生

小さい時から病弱だった母が、九十歳まで生きたというのは、本人が一番驚いていたかもしれない。母は大正十四年生まれなので、昭和の年号と共に年を重ね、まさに激動の昭和と共に人生を歩んできた。

生まれた六月は、北海道では年間の中でも一番気候のいい時で、周辺にはスズランが咲き乱れていたらしい。そういう風景を本州、少なくとも関東で見たことはない。フランスの五月一日、「スズランの日」ではないが、私にとっての母のイメージを花にたとえるとスズランだ。北海道の風土はやはりヨーロッパに近いものがある。

今年、私が砂川に行ったのも、母が生まれた六月だった。スズランはどこにも見られなかったが、本州では野生ではあまり見られないルピナス（ノボリフジ）、マーガレットを小さくしたようなオレンジの花（コウリンタンポポ？）の群生に出会った。ルピナスは色とりどりの花穂が垂直に立ち上がっているのがなんとも華やかで、花の苗を買ってきて寄せ植えに使うイメージが強い。本来は宿根草らしいが、暑さに弱いので、本州では一年草の扱いになるのだという。同じ時期にフィンランドに行っていた友人がやはりルピナスの群生を見たといっていることを考えると、やはり北海道はヨーロッパに近いことを確信する。

スズランノハナサクエゾニセイヲウケテキヨウヲムカユルキミゾメデタキ　タケタトシ

母が還暦を迎えた誕生日に、祖母の異母妹である武田敏から届いたこの電報を、母は大切にとってあった。

病弱だった母の変遷

過酷な気象環境を離れ、祖母に抱かれて熊本に移住したのはいいものの、二歳から小学六年生までは毎年のように自家中毒で死にそうになっていたという。

熊本市米屋町で開業していた齊藤宗續先生が、いつもお抱え運転手の運転する専用の自動車で往診してくれた。座席の赤い柄の背当てクッションが目立ってすぐ先生の車と分かるので、近所の人からはよく「どなたかお悪いのですか」と言われたという。夜中でも時間かまわず自家中毒の症状が出ると、ぐったり元気がなくなって発熱し、一刻を争う危険な状態に陥る。往診をお願いした先生の車に乗って、即入院となることも度々であったようだ。病院では先生がつきっきりで容態を見てくれて、当時は点滴などもなかったので、もっぱら腸の洗浄をしたり、ひまし油を飲まされたりしたようだ。時には往診時に容態が安定していると、お出しした抹茶を飲みながら、家長である元凞とゆっくり話していかれることもあったようだ。

小児科の開業医であったが、終戦の年、母が二十歳の時にジフテリアにかかった時もお世話になり、入手困難だったワクチン血清が用意されていたので一命をとりとめたという。とにかく母にとっては「命の恩人」であり、医者の原点に齊藤先生がいるので、その後の母の人生において医師や病院に対する要求度はかなり高いものになったのではないだろうか。私が二歳半頃、母と一緒に初めて熊本に行った時に、この齊藤先生にはお会いしているようだ。

子供の時は食べたいものが食べられず、周りがおいしそうなものを食べている時もぐっと我慢する習慣がついていたので、大人になっても食に関してはあまり貪欲なところがなかった。私のように食い意地がはったところがなく、「そんなに食べられないから」「私は少しでいい」というのが一つの口癖のようだった。一緒においしいものを食べたいと思っている立場からすると、食欲が半減してしまう。むしろ晩年に大腸がんを患ってから、食べることの大切さを感じていたようなところがあって、ささやかなものであるが、あれを食べたい、これが食べたいと言うようになったような気がする。

子供の時、家に帰って母が横になっている時の悲しさや寂しさは自分の中に記憶されている。特に私が五歳の時、母が長引く風邪に突然の喀血で（後日、喀血でないことが判明したらしい）、結核検査のために二か月入院するという事態になった。祖母がなにかと面倒をみてくれてあの時は助かったと、母は後々まで話していた。留守中に三つ年下の妹の面倒を見ているから大丈夫というような内容で出した私の手紙を、母は大事にしまってあった。病院では時間があるので、何か手を動かして物を作るのが好きな母は、雑誌のカラーグラビアの紙で作ったビーズのようなものをつなげた暖簾を作って持ち帰った記憶がある。後年、別の病院の胸部レントゲンとCT検査によって、それは胸膜炎ではなかったかと医者に言われたらしい。

母が本当に健康になるのは、むしろ六十歳以降、小田原に移住してからだったかもしれない。昔から保養地として知られている小田原は、海と山にかこまれているせいで、冬は温暖、夏は都心より明らかに気温が低い。さらに両親とも車の運転をしないので、どこに行くにも坂道やマンション内の階段を歩かなくてはならず、両親共に自然に足腰が鍛えられたのである。

もちろん加齢との闘いもあるので、少し体調が悪いと、近くの開業医、秋山先生のところに行っていた。頼りになるおもしろい先生で、「お嬢さん、お嬢さん」と優しく対応してくれるのが母はうれしかったようだが、母より年上のおじいさんだったので、いつのまにか先生の方がご病気になって亡くなってしまった。


さらに、小田原に来てからは、これまでやりたいと思っていたことを、一つ一つ勉強していた。特に書道は、日吉先生というい先生に恵まれて師範をとるまで続けていたし、短歌や自分史執筆、点字なども積極的に習いに行っていた。雅号の「白悠」という名前が添えられている書は山のようにあり、表装したり、額に入れたりしてある。常に片手には本があった父の影響もあるかもしれないが、この人はひょっとしたら研究者が向いていたのかもしれないと思ったりした。私も同じ年代になった今、母のように努力家でも勉強家でもないことを痛感するのである。

新しいことにも前向きで、父とは違って携帯電話も使っていた。メール送信までは難しかったが、携帯電話があるおかげで晩年の数回の入院生活中も、枕元には携帯電話を置き、私との連絡のやりとりや、親しい親戚や友人たちと話をすることができた。

父の定年退職を機に、新しい新天地を求めて移り住んだ土地ではあるが、古い城下町ならではの雰囲気もあり、どこか故郷熊本との共通点を感じていたのかもしれない。毎年、年賀状には地元の文具店が作る小田原城の絵柄の入ったハガキを選んで送っていた。神奈川県庁国際交流課で翻訳や通訳の仕事をしていた父は、外国人を箱根に案内する途中で通っていた小田原に惹かれるものがあったようだ。その父にも秘めていた「過去」を母は背負っていた。

秘めていた最初の結婚

その写真が出てきたのは、父が施設に入り、私が母と一緒に住むことになって、両親の家を大片付けしていた時であった。茶道具に続き、着物を着る人もいないからと祖母の使っていた着物用桐箪笥を業者に持っていってもらおうと、急いで箪笥の中を片付けていたら、寿の文様の入った袱紗の箱からハラリと変色した封筒が出てきた。中を見ると、古い一枚の写真。「これなに？」と母に差し出すと、母は「あら、私だ」と受け取った。

「おばあちゃんはこんなところに入れてとっておいたのね」

それ以上の話を聞く余裕もなく、その時はそれで終わってしまった。それが母の最初の結婚の時の写真であったことはうすうす分かったが、詳細を知るようになるのは、母が亡くなってからのことである。

母の実家である熊本新屋敷の武田家は、茶道の家元といっても、常に安定したお弟子さんがいたというわけではなく、特に終戦直後は苦しい時期があったようだ。熊本市内も焼野原になった中で、新屋敷の家は焼夷弾を落とされながらもかろうじて焼け残り、その時の曾祖父・元濈の奮闘ぶりが、新聞記者によって紹介されたりもした。農地改革によって現金収入が途絶え、阿蘇や高森に所要していた多くの土地も不在地主となり、小作人が有利になった。お茶のお弟子さんであった古関さんという精蝋会社の社長さんの心遣いで、精鑞（石油系ワックス）の製品を作る内職をやっていた時期もあったという。戦争で焼け出された上野家（母の父方の実家）の人々が一時的に一緒に住んでいたこともある。皆、必死で生きていた時代であった。

人々の生活が少しずつ落ち着きを取り戻し、お茶を再び習う人、新しく習う人が増えて行った頃、沸き起こったのが、ウタの縁談であった。上通りからお茶に通っていたお弟子さんである年配のご婦人のお世話で、鹿児島の島津男爵の次男である「島津久高」と見合いをする。長崎高等商業高校卒業、九州電力八代出張所勤務。「家柄のよい青年らしく端正で、口数が少なく、あまり魅力とかは感じられなかった」のに、たった一回会っただけでどんどん話は進み、あれよあれよというちに結婚式を迎えることになった。昭和二十一年（一九五一）六月、母が二十一歳になったばかりの時であった。

その時の心情を母は次のように記している。

母が再婚して何年も経たず、私は母への反抗心でどうにでもなれといった気持ちでした。もっと何か自分に合ったものを選んで勉強に打ち込むべきでした。戦争に明け暮れていた世の中が敗戦で急転し、人々の心も落ち着かず、着るもの、食べるものも配給の時でした。アメリカ軍が進駐してきて、持てる国アメリカが羨ましい時でした。ふわふわと落ち着かない時代だったのです。

それにしても、実に大胆な縁談であった。島津家といえば、西南の役をはじめ、熊本の歴史には薩摩の征服者として何度も登場する名前。高森から高森家の人が北海道に逃げたというのも、ここまで遠くなら薩摩軍が追いかけてこないだろうというのがあったらしい。第二次世界大戦敗戦でなにもかもがひっくり返り、過去を清算して新しく出直そうという、未来へのかすかな希望をもっていた時代の空気もあっただろう。

嫁入り支度は、スズランの電報を送ってくれた先ほどの武田敏と妹の雪が中心になり、祖母の異母妹の持ち物から和服などを取りそろえてもらい、また洋服は古い和服の布などから洋裁の先生が何着か用意するなどしているうちに、箪笥一棹位を取りそろえることができたという。

当日は、花嫁衣裳に身を包んで人力車に乗せられ、藤崎八旛宮へ向かい、結婚式は神式で行われ、その日のうちに八代市へと連れていかれた。

新居となったのは、八代の殿様だった松井家の一隅の台所付き二間で、その昔、松井家の家族が住んでいた古い家屋。表札には「島津忠正」と書かれ、夫となる人の兄夫婦と子供一人が住んでいた。その兄嫁とは話をする機会はなかったようだが、西郷隆盛の孫に当るということだった。

結婚披露宴は、その松井家の広い庭に面した座敷でとりおこなわれた。戦後は「斜陽族」という言葉が聞かれたように、爵位がなくなった家はそれなりに苦労もあったのだろう。食べるものも十分にない時だったにもかかわらず、鹿児島の島津家から嫁いできた、松井家の叔母の手料理がずらり並んだ。理知的な雰囲気のその方に対し、叔父は庶民的で、街中を自転車で走って、人々に気さくに話しかけるようなタイプだったという。お屋敷の中にあった松井家の能舞台は、その後、熊本の水前寺公園の中に移築されたという。

結婚式も披露宴も周りの人たちの助けによって無事済んだが、新婚夫婦は話すこともなく、お互いに親しい気持ちにもなれず、夫婦の営みもないままに日々が過ぎていったようだ。つまりコミュニケーションをとる努力というか、そのやり方さえ知らなかった様子であった。そのような家柄だから会社勤めをしても敬遠され、特別扱いされ、また無口で神経質な性格となれば、女性と交際するような経験も知識もなかったのではないかと母は回想している。

鹿児島にいる夫の父は、磯庭園の神宮の宮司をしていた方だったが、戦争で家屋敷は消失し、宮司の住居に家族と仮住まいしていた。結婚当時は病床にあったので、結婚の挨拶に出向くと「頼みます」と何度もいわれたと母は書いている。

八代にもどってからも楽しい新婚生活はまったくなく、時々、新屋敷にもどると、すまババちゃんに慰められ、そうして行き来しているうちに、とうとう八代には戻らず、ついには協議離婚となる。たいそうな家との婚姻で大がかりな結婚式をしただけに、母のショックの大きさは図り知れないものがある。

夫となった人は世間へのメンツもあるので度々熊本まで追いかけてきたようだが、母はうつ病のようにやせ細り、歩くのもおぼつかない状態になってしまったので、祖母の再婚先の家で静養することになったという。もともとこの縁談には積極的ではなかった祖母は、娘の見るもあわれな様子にどんなに気落ちしたか。女学校（私の名前の由来となった「尚絅《しょうけい》」高等学校）の同級生からは「クラス一の玉の輿」とささやかれ、また口うるさいお茶のお弟子さんたちが多く出入りする新屋敷ではありもしないことが噂になったりで、母はまさに奈落の底に突き落とされたような日々を過ごしていたという。

さらに運の悪いことに、宮内庁から婚姻の許可がおりて既に入籍となっていたことが判明し、さらにその名前の部分が朱色で消されたのである。母にとってこの戸籍の衝撃は大きく、昭和二十三年（一九四八）には（母・キミの再婚後に）祖父の養女となっていた戸籍から分籍して、母一人だけの戸籍をつくることになったのである。後年、父は何の疑いもなく、その戸籍に入ったというわけである。そして、私もその母筆頭の戸籍に連なっているというわけだ。

「今までお世話になったお礼を」と祖母に促されて、母屋に挨拶に行くと、元凞はこうねぎらった。

「あんたも苦労したなあ。これからは幸せになるように」

これが元凞と交わした最後の会話になった。


例の写真は、母が七十代後半から書き溜めていた自分史ノート（表紙には「らくがき〝歩いてきた道〟」とある）の中の、結婚の記述のところにはさまれていた。改めて眺めると、参列者は皆、礼服は着ているものの、結婚式といっても終戦翌年のことだから華美な雰囲気がない。中央には振袖姿の花嫁が椅子に座っているが、他の人たちは皆、立っている。左側にいるメガネの花婿は背が高く、なにかのそっとした雰囲気である。キミや元凞の姿も見える。花嫁は角隠しをしていないので、これは神社での結婚式の時ではなく、松井家の屋敷内での披露宴の時に写したものであろう。

熊本の生活に終止符をうって上京

母は私を三十二歳で、妹を三十五歳で産んだ。今ならごく普通で、むしろ若いくらいだが、当時は我が家のような晩婚のケースが少なく、周りの親と比べて老けているのを気にするようなことを私たち姉妹は子供ながらに言っていたようなのだ。母は最初の結婚から十年、どのように過ごしたかも、ノートに刻銘に記してあった。

戦争直後の日本の世相に加え、結婚破綻の反動もあって、昭和二十年代の母はかなりはじけていたらしい。いや本人がそう言っているわけではないが、「はじけた」という表現が適切のような気がする。根が真面目だけに、五十歳位まで心の中で自問自答していたような恋愛もあったようだ。

話が変わるが、自慢話も含めて何でもオープンに話していたような妹とは違い、私は母に付き合っている人のこととか恋愛とかを話したことがない。母はそれを面と向かって聞くこともないのに、不思議というか不服に思っていた面があるようだが、自分のことはとても母には話せないという空気がいつもどこかにあった。母の手記を読んでいると、その理由がなにか分かるような気がするのだ。普段から母にはきつい言葉を投げかけて、ずいぶん悲しい思いをさせた。

昭和二十五年（一九五〇）に、母は決心して熊本から上京した。当時は、東京に来るというのはそうたやすいことではなかったが、東京には親戚もいたし、それ以上に仕事を紹介してくれる文化的ネットワークにも恵まれていた。私には母と熊本弁はあまり結びつかないが、上京当初は方言が抜けずに苦労したと話していたこともある。

上京して最初の仕事は、祖母の新屋敷の家に下宿していた先生の紹介で、国立国会図書館（今の迎賓館）の地下でカード整理。その後、神田三崎町にあった私学連盟私立中学高等学校協会（都内私立学校の校長が定期的に集まって会議）の事務員、次に港区の頌栄学園の事務へと代わり、住まいも中井にいる異母姉、宇野喜代宅から引っ越しし、代官山にある大きな屋敷の三畳間に友人と間借りした。その後、築地に本社のあった製薬会社の社長秘書。えっ、母が「秘書」と驚いたら、案の定、合わなかったようで、営業に変えてもらい、その後、疲れていったん帰熊し、再上京。祖母夫婦と一緒に住むために家を探した。

あれほど嫌っていた義父なのに、不思議なものである。結婚や出産、子育てと、変化していく中で新しい家族の関係ができていく。結婚前の父に武田家の歴史を語ったり、私が算数の問題を教えてもらったりしている姿を見て、ほぐれていくものがあったという。それ以前に、いくら経済的なことがあるとはいえ、嫌いな人と一緒に住もうと思うわけがないのである。それを生前の母に投げかけたことがあるが、それに対して明確な応えはなかった。母にとっては新しい生活の再出発に欠かせないものであったのだ。

新屋敷の祖母の家は百万円で売れたが、東京は熊本に比べるとやはり地価が高く、学芸大学の不動産屋でやっと見つけたのが、東横線で多摩川をわたった武蔵小杉駅から徒歩十分弱、法政二高近くにある六十万円（土地は借地）の建売住宅だったという。近年になって武蔵小杉駅周辺は大きく発展してしまったが、両親が昭和五十八年（一九八三）まで住んだ家は、周りに田畑の名残のあるのんびりした住宅街にあり、法政二高の時計台と川沿いの桜並木は今も健在だ。私も二十代前半まで（寮生活をしていた中学時代をのぞき）ここに暮らした。

武蔵小杉の家での三人の暮らしが始まってまもなく、母は証券会社の証券書きの仕事をしながらも「身を固める」ことを考え始めたようで、勤め先に近かった大田区役所の結婚相談所で紹介された父と結婚する。父も当時は大田区に住んでいた。父母の世代は、戦争の影響で女性の数に対して男性が圧倒的に少なかった時代。今でいう婚活アプリのような感覚で、多くの人が書類を登録していたのだろうが、母によると相談に乗ってくれた窓口の人が上品などこかの社長夫人で、その人の素人っぽい対応も決め手になったようだ。

人生の再出発をした母は、この場所で三十年、子育てを中心にしながら、多くの人たちとの絆を育んでいったのである。私たち姉妹が幼稚園時代のママ友たちとの交遊は半世紀以上、晩年まで続いていたし、その後、自由学園の父母会を通して知り合ったご縁にも恵まれた。

そして、時代は昭和後期から平成に至る右肩上がりの経済。父の定年退職を機に、武蔵小杉の家を引き払い、余生への希望と共に小田原へと生活の場を移すことになる。

純真なクリスチャンとして旅立った母

母を語る上でどうしても触れなくてはならないのは、母がクリスチャンであったことだ。しかもかなり純粋で真面目なクリスチャンだった。それは前項で見たように母の人生に起因するものであることは間違いない。

「あなたは？」と聞かれる前にいっておこうと思うのは、私自身はキリスト教を自然に受け入れる環境にはあったが、洗礼も受けていないし、教会にも行っていないから、堂々と「クリスチャン」とは言えない。母は私に宗教や結婚を強要するようなことは一切なかった。

一方で、仏教にも抵抗がない。というより、どちらかというと宗教の違いを超えた神、神的なものに興味がある。ヘルマン・ヘッセの『シッダールタ』やティク・ナット・ハン『イエスとブッダ——

いのちに帰る』などにはいたく感動した。また、精神医学や心理学の範疇になるが、ヴィクトール・フランクルのロゴセラピーにも深く共鳴している。

宗教の違いはともかく、特定の宗教を深く信仰している人は幸せだと思う。よく宗教の違いは山の登り方の違いといわれたりするが、徹底的に一つの登り方を極めるのも意味があるのではないか。それは年を重ね、この世での役割を終えようとする時期により明らかになってくるような気がする。

父をキリスト教信者に

晩年に病気をするまでは、毎日曜日に教会の礼拝に行くのが長年の習慣だったし、朝昼晩の食事の前は必ず頭を下げ目を閉じ、特に朝は声に出して祈りを唱えていた。特に、武蔵小杉から小田原に移住してからは、それが父と一緒の日課になっていたし、教会の活動にも父と協力して参加していた。

母は書道の腕を活かして、毎週の礼拝のテーマを大きな紙に筆で書き、それを父と一緒に（時には父一人のことも）教会の入り口に貼りに行っていた。教会は最寄り下車駅から遠いこともあって、雨の日も強風の日も、これを数年続けたのは容易なことではなかったろう。それが自分にできることであり、自分に与えられた役割であると思っていたようだ。その代表的なものは何枚か、葬儀の際に礼拝堂の壁に貼って、参加された方々に見ていただいたが、その中には聖路加病院院長だった日野原重明先生が教会に来訪された時のものもあった。

父は七十代で洗礼を受けた。娘がこういうのもなんだが、かなり変わり者で気難しい父をクリスチャンに誘い入れたのは夫婦人生の最大の功績だったといえるかもしれない。父は若い時から本の虫であったから、聖書を学ぶといった学問ともいえるところからキリスト教に入ったこと、そして父の母、佐藤ナツもお世話になったご縁の、藤井先生という牧師との出会いが父をキリスト教に導いたのだった。宗教との出会いも、やはりそれを媒介する人間との出会いが大きな部分を占めるのである。

父の晩年は施設に入居することになるのだが、私が母との同居を始める数年前であろうか、母はこんなことを言っていた。

「今がいちばん幸せ」。

書き遺したノートにも、今まではお互いに不満なところばかり気づいて不快だったが、P（父のこと）も以前とは気持ちも随分おだやかになり、何かにつけ『ありがとう』と言ってくれる。「あんたがいてくれるからからこんなにしていられる」という気持ちをお互い感じるようになって、今までの不満は消えた、とある。

子供から見てもあまり仲の良い夫婦ではなかった、というより問題の多い夫婦だったが、お互いに八十代半ばに差し掛かって体の不調がいろいろ出てくると、こうなるものなのか。夫婦というものは実に長い試練の道のりなのだと、結婚経験のない私でさえつくづく思うのだ。

あれは母と一緒に最後に父の施設を訪れた時であろうか。おみやげで持っていった大きなイチゴをうれしそうに手にしている父に、母はこんなことを言うのであった。

「子供がいて良かったね」

普通の人とは違って家庭願望があまりなかった父は、子供を持つことにも最初は躊躇したらしい。


二〇一四年十一月二十二日に亡くなった父の葬儀に、手術後の体力も回復していない、よろよろした体で喪主を務めた母であったが、翌年の二〇一五年八月末にはまた同じ教会で、母の葬儀が行われた。父の死を見届けた九か月後である。そして念願かなって、二人そろって小平霊園のけやき通りにある「日本福音ルーテル教会」の墓地に入ることができた。そこには父母だけではなく、特に「上野家」を中心とする親戚も多く名前が刻まれており、「武田家」にまつわる人とキリスト教とのつながりを感じないわけにはいかない。

父方の祖母もここに入っている。父のきょうだいは仲が悪く、祖母の葬儀に私たち家族が立ち会うことができなかったし、父が亡くなった時もきょうだいの連絡先さえ分からなくなっていた。父母の納骨の際に、墓石の下の部屋へと入ったのだが、急な階段を下りたすぐの左側に、「佐藤ナツ」の名前がついた白い壺があるのを妹が「あっ！」と発見し、私たちがそこを出るまで、墓を管理する人が光で照らしてくれた。

母は、自分がどう最期を迎えるか、どのように葬儀をしたいか、詳細なプランを書き遺していて、私にもたびたび話していた。葬儀で歌ってほしい讃美歌や聖書箇所、好きな花などを教会に届けているだけではなく、エンディングノートには心にとまった聖句や書物からの引用と共に、自分の思いがびっしり書き込まれている。父と小平霊園の教会の共同墓地に眠るのは、母の人生のゴールだったのかもしれない。

母の晩年を共に暮らす

二〇一二年の母の誕生日である六月六日、私は両親の家に引っ越しをして、母と二人で暮らし始めた。既にその一年半前から近くに住んではいたが、父の老老介護で疲れ果てた母と離れているわけにはいかなかった。それは三年余り続いた。一人暮らしの長い私にとって、家族との生活は非常に新鮮だったし、母と暮らすことのできた日々は今思っても幸せな時間だった。ああ、私は家族が欲しかったのだと痛感した。以前の母とは違って、母も一生懸命でかわいい、しかも自立心のある「歌子さん」になっていたのである。私は母のことを「歌子さん」と名前で呼ぶようになってからだいぶ経っていたが、まさに母は「歌子さん」として存在していたのである。

まず、母が常に何かを読み、何かを書いていることに驚いた。静かに何をしているのだろうと覗くと、必ず聖書や教会関係の読みものを読んでいるのであった。そうでなければ、誰かに手紙を書いていた。

母は本当に筆まめな人で、離れてくらしている娘たちにもどれだけ手紙を書いたか分からない。クリスマスに限らず、そこには必ず聖句も添えてあった。母からの山のような手紙はどうしても捨てられず、今でも全部段ボールの中に入れてとってある。

私は母の足元にも及ばないが、簡単な走り書きでも手書きで添えるようにしたいと思っている。少なくとも、気がついた時にメールやSNSで連絡をとるようにしている。ところが世の中には、返信をいっさいくれないという人がけっこういて、それは悪気があるわけではなく、単に習慣の違いなのかもしれないが、親戚でも友人でも、残念なことにそういう人とはいつのまにか疎遠になってしまうのだ。


子供の時から病弱で、何度も死にかけ、食べたいものも食べられなかった母は、九十歳まで生きるとは誰からも思われなかったろう。特に老年になってからは、世の中の同年代に比べると断然に若く、実に矍鑠《かくしゃく》と歩いていたし、好奇心も衰えず、料理や健康関係から社会問題まで、テレビを見ながらあれこれメモをとっていた。山のようにあるそのメモもまだ全部は捨てられないでいる。若い友人も多く、多くの人から慕われていて、よく人々の相談にのっていた。母はこんな人だったっけと、いろいろな発見があった。

最期はやはりその人の弱いところにくるのだろうか。一緒に暮らすようになってから少ししたころ、腹痛から大腸がんがあることが判明し、八十代の終わりには何度か手術を行った。それでも最初の手術後の回復は早かった。このがんももう少し早期発見できればよかったのだが、後から聞くと、大腸がん検査再検査の通知が来ても検査が嫌だから病院に行くのを引き延ばしにしていたのだというではないか。それはアルツハイマー型認知症の進む父の介護で疲れ果てている時期と重なっていた。

入退院を繰りかえすようになると、週一度の教会にも行くことができなくなり、牧師夫妻が家に来てくれるようになった。そんなある時、私も横にいたのだが、母と牧師がこんなやりとりをしていた。

「こんな私でも天国に行くことができますでしょうか」

「大丈夫ですよ。もちろん天国に行けます」

それは最初の結婚を指していたのだと、あとから気がついた。母は自分が夫を捨てて逃げてきてしまったという、罪の意識を背負って晩年までひきずっていたのだった。母は普段、神社にお参りすることも避けていたが、それは厳格なキリスト教信者のスタンスというだけではなく、最初の結婚の結婚式の記憶も捨てたかったのかもしれない。

気高く一人で神様の元に

母がつくづくクリスチャンだと思ったのは、息をひきとった時のことである。

「最期は自宅で」という願いも現実的には難しく、それは夏の終わり、大腸がん手術など数度の入院でお世話になっていた地元の病院で最期を迎えることとなった。最後の入院は二カ月以上にわたり、私が海外取材から帰ってくるのも待っていてくれたのである。いよいよ今日か明日かといわれた日には、モルヒネの量を増やしながらも、ぜえぜえと息をするのが苦しそうで、ティシュペーパーやタオルを握りしめていた。

最期はこんな会話をした。

「皆に迷惑かけて……」

母はとにかく皆に迷惑をかけるということを気にしていた。

「いいのよ、女王さまのようにしていれば」

「私なんか無駄（な人間だ）と思っていたけれど……」

「歌子さんのこと、皆尊敬しているよ」

本当に多くの人に慕われ、病院でも人気があったが、母はいつも自己評価が低かった。私は母の手を撫でながら、「ありがとう」というしかなかったが、母を抱きしめたり、「愛しているよ」と言葉に出して言うことはできなかったことが、後々まで後悔した。母はそういうことを求めていたのだと思う。

同室に他の患者さんがいたこともあって、私は病室を出た先にある廊下のソファで窓の外に見える小田原の夜の町を眺めたりして、病室と行き来した。頻繁に部屋をのぞきに行くはずだったのだが、認知症と思われる男性患者が夜中にナースステーションで何か騒いでいるので、それを避けようとしているうちに私はいつしかうとうととしてしまった。

どのくらい時間が経ったころだろうか、「お母さん、息が止まっている！」という看護婦さんの声で、ベッドに駆けつけると、先ほどまでとはまったく違う安らかな表情になっていた。

私は思わず、「よかったね」とその耳にささやいてしまったのだ。やっと苦しみから解放されて、神様の元に行けて。そのくらい、その顔は実に崇高で、まるでマリアさまのように穏やかだった。願いがかなったというような幸せな感じさえしたのだ。それはある意味では、この世に別れを告げる時の独りの旅立ちと感じた。

今思うと、あのナースステーションで騒いでいた男性患者の声も、もしかしたら幻聴だったのかもしれないとさえ思う。母は肉親に看取られることも拒絶して、一人だけで神様の元に行きたかったのかもしれない、と。今も夢にあらわれる母は、いつのまにかいなくなってどこかに行ってしまう。

母は最期の入院中、おそらく独りで祈り、神との会話を続けていたのではないだろうか。徐々に声を出すのも眼を開けるのもつらそうになってきたある時、ベッドから手を出して五つ、三つと指で盛んに語りかけていた。聖書に登場する五つのパンと二匹の魚のことだと気がつくまでに少し時間がかかった。あれは何をいいたかったのだろうか。

また、それと前後して、面白いものが見えると話していたこともある。目をつぶっていると色とりどりの着物を着た子供たちが隊列を組んでいるのが見えるのだという。素材感もくっきり。過去の思い出の走馬灯とか、あの世の感じとかいうのではなくて、会ったことも見たこともないものばかりのようだ。しかもその映像がすぐ消えて、次の映像に変わるらしい。母の頭はまだしっかりしていたし、薬も投与されていないので副作用による幻視でもないのであった。母の脳の中ではいろいろなことがおこっていたのだろう。

病院から自宅にもどると、すっかり夜は明け、ベランダから見上げた真っ青な空には鰯《いわし》雲が広がっていた。

熊本という土地のバックグラウンド

母はなぜクリスチャンになったのか。母のキリスト教との出会いや経緯については、自らつづっているので、その中からいくつか抜粋してまとめてみたい。人生の節目節目に教会との出会いがあり、それによって苦しみを乗り越えてきたことが分かる。

一九三〇年　熊本ルーテルみどり幼稚園（現在、九州学院みどり幼稚園）に入園。毎日のお祈り「天にいらっしゃるお父様」という呼びかけが、生後間もなく死別している亡父への思いと重なって心にしみこむ。

一九四一年　女学校四年という多感な時に、母の再婚という思いがけない出来事に遭う。カトリック教会へ通ったりしたが、そのうちに戦争が激しくなって続かなかった。

一九五〇年　自活を決断して上京後、友人と映画『聖衣』を見る機会があり、キリスト受難の有様が心に焼きつく。

一九五五年　都会の一人暮らしに疲れて、一時帰郷の折、「新しい人生を歩みたい」「新しく生まれ変わりたい」と、日本キリスト教団白川教会（熊本市中央区）で受洗。

同年、川崎市中原区に転居し（父母も上京して同居）、白川教会からの紹介で新丸子教会に何度か行ったが、馴染めなかった。

一九五六（結婚）～一九七〇年代　結婚、出産、育児、パート勤務と多忙な生活の中で教会から離れるが、娘二人がキリスト教を基本にした教育を行う自由学園に入学したことによって、父母会などで再び聖書、讃美歌に触れる機会が増える。

一九七五年　同居の母が急逝。心の準備のないまま、悲しみに打ちひしがれる。夫の母が東京老人ホームに入所した縁で、藤井浩先生に親しくしていただき、ルーテル田園調布教会に通い始める。

一九七六年　ルーテル田園調布教会に編入し、婦人会や聖書の学びにも熱心に通う。信徒の多い教会で人間関係でも学びが多かった。

一九八四年　小田原市に転居後、一年位経ってからルーテル小田原教会に転籍。ここは信徒の少ない教会で、様々な問題を経験した。子供たちもそれぞれ別の暮らしで予期しない問題に悩む。

母に限らず、「武田」一族とキリスト教とのかかわりはいろいろなところに見出すことができる。親戚には牧師もいるし、絵にかいたようなクリスチャンファミリーといえる家族もある。「武田」の家としては仏教が基本にあっても、武田すまのようにキリスト教の葬儀を願った例もある。武家の風習で長年過ごしていても、子供の頃、父親である栃原友定の勧めから日曜学校に通っていた記憶がよみがえったようだ。次女・雪の夫である井上統二に依頼し、同家族が所属していた神水ルーテル教会の牧師が葬儀を執り行ったという経緯がある。

祖母キミも、もともとは茶道の関係で禅宗の修行をしていたが、キリスト教に対しては何の抵抗もなかった。というより共感が強かったのではないだろうか。実際に、亡くなって七年後だったろうか、親戚の田中良浩牧師に自宅で記念の礼拝をしていただいた。

もともと熊本という土地が、キリスト教を受け入れる素地があったように思われる。九州というと天草の隠れキリシタンが有名だが、それとは別に、プロテスタントの歴史としては「熊本バンド」という集団があった。これは、札幌バンド、横浜バンドと並ぶ、日本の明治のプロテスタントの源流の一つで、明治九年（一八七六）、熊本市の花岡山で、熊本洋学校の生徒三十五名が、米国人教師L・L・ジェーンズの影響を受けて、自主的に奉教趣意書に署名してキリスト教信奉の結盟をし、それを日本に広めようと結成したもの。直後に熊本洋学校は閉校されることになったため、新島襄の同志社英学校に移り、海老名弾正らは卒業後、後に同志社社長（総長）、さらに日本組合基督教会（後に日本基督教団に統合）の重鎮となって基礎を築いたという。

さらに、泰勝寺跡の熊本藩主細川家墓所にまつられている細川ガラシャのことはよく知られているし、また千利休の茶道とキリスト教についてもさまざまな共通点が指摘されている。宗教を語るのは私にとっては難儀であるが、人がどう生きるかということに直結したものであることは違いないのである。

熊本・新屋敷（元凞の家の敷地内）に新しく建てた家の縁側でくつろぐ祖母と満4歳の母（昭和4年（1929）9月）。左に写っているサボテンは宮川多嘉からの贈り物らしい

亡くなった長男と写る祖母。北海道に行く直前と思われる

大規模な北海灌漑溝の完成を見ないで景吉は病に倒れた。砂川の寺での葬儀の様子（大正 14 年（1925））

祖母の古いアルバムに貼ってあった夫・上野景吉の写真

北海道・砂川の雪に埋もれた自宅前で撮った家族写真。母の生まれる前年の大正 13 年（1924）

異母姉 2 人と写る母。左は喜代，右は喜久（昭和 6 年（1931））

母の子供時代は，隣の母屋に住む元澌・すま夫婦の子供たちときょうだいのように育つ。左から4番目が母，その右後ろに祖母（昭和4年（1929））

徳永一と再婚した祖母は，熊本から武蔵小杉への移住で新しい生活が始まった。手前は3歳頃の筆者

母（左から4番目）は上野家に連なる同年代の親戚（関東圏在住）との集まりを楽しみにしていた。2002年の「いとこ会」。母の右隣は異母姉の宇野喜代　（撮影：上野輝彌）

筆者50歳の誕生日をお祝いしてくれた時の両親。80代前半はまだまだ元気だった

日曜日ごとに教会へ行っていた母。外や室内に張り出す礼拝のテーマを，筆で書いていた

両親の納骨式（2015年12月）。小平霊園の日本福音ルーテル教会の墓前で妹（左）と筆者

第三章

宮川家——伝説のなかの人々

ファミリーヒストリーの窓を開けてくれた人

複雑怪奇なファミリーヒストリーをひもとこうとした背景をたどると、そこには、きっかけを作ってくれた人がいた。実に魅力的な女性で、私はこの人がいらっしゃらなければおそらくこの本の執筆をしようという気持ちにはならなかったろう。そのくらいに私の気持ちを駆り立てる原動力となってくれたのである。

インド更紗の古いアルバム

まず、その前段となるところから話す必要があるだろう。

母が亡くなった二〇一五年前後から二〇二〇年にかけては、母と同年代で親しくしていた多くの親戚が鬼籍に入った。早世している人も多い反面、九十歳を超えた人が少なくなく、中には百歳を超えた方もいらした。

そんななかで、一冊のアルバムが私の手元に届いた。

表紙は紺色を基調に、よく見ると黄色のギザギザの縁取りのようなアクセントが効いた柄の、美しく上品、かつモダンなインド更紗の装丁がほどこされている。端の方はだいぶ擦り切れているものの、百年経っている物とは思えない、とてもいい保存状態であった。観音開きというのだろうか、右の方からめくって観た後は、左の方からもめくることができる両開きになったもので、ある家族の明治、大正、昭和初期に至る写真が所蔵されている。表紙には、白い貼り紙に「琴子」とあった。後年、家族が遺品を整理する際に貼ったものと見られる。

ちなみに、インド更紗はお茶道具をはじめとして、かなり古くから日本にも入っていたようだ。普段に着る和服の帯以外に、茶碗や棗《なつめ》を包む布として、そしてこのようにアルバムの装丁としても使われていたことを見ると、日本人にとっては古くから身近にあったものであることが分かる。和の文化にもしっくり馴染む。絹とは異なる綿ならではの風合いや丈夫さ、素朴で深みのある渋い色合いも魅力である。フランス伝統のトワル・ド・ジュイも、インド更紗をルーツとする生地である。

さて、このアルバムを携えてきたのは、私のハトコのような（実際には親同士がハトコ）人で、岩石を専門とする学者の中島隆さん。前章でも紹介した中島為喜と琴子の三男、新の一人息子、つまり為喜の孫に当たる人である。琴子は光、明、新（続けると、「光明新たなり」）という名の三人の息子がいたが、真ん中の明は戦争で亡くなり、夫は早くに他界していたが、自らは八十代まで生を全うした。

私自身は琴子さんにはほんの子供時代に一度か二度お会いした程度だったと思うが、母と祖母が昔から「お琴おばさん」「お琴おばさん」と呼んで（短縮され「おことばさん」と聞こえた）親しんでいたので、私にとっても耳馴染みのある存在であった。その琴子さんと平塚の家で最期まで同居していた長男の光《ひろし》さんが、九十三歳で亡くなり、そこに写っている親族が誰か分からないと、残された家族が従兄の隆さんへとそのアルバムを預けたのであった。隆さんは既に介護施設にいた父・新さんの病床で、アルバムを見せながら聞き取りを行ったが、まだ判明出来ない人がたくさんいると、私のところに回ってきたというわけである。

その琴子さんの更紗のアルバムには、中島家の家族以外に、きょうだいや親せきから送られてくる写真も一緒に収蔵されており、その中には私の祖母の最初の結婚式の写真などもあった。見たことのあるような写真もあるが、初めて見るような写真も少なくない。我が家にあるものと照らし合わせてみようと、祖母が遺した古い写真を押し入れの奥から取り出してあれやこれや見ていると、やはりインド更紗を表紙にした観音開きのアルバムが出てきた。こちらは茶色を基調にした渋い柄で、傷み具合も激しい。見れば見るほど両端がボロボロと剥がれてくるような状態だった。傷みの激しい我が家の更紗のアルバムと見比べながら、琴子さんのアルバムを見ていくと、何枚か共通のものも発見したが、大半はよく分からない。そうして見ていくうちに、私はあることを思いついた。

このアルバムを、遠縁に当たる目黒の亀山文子さんに見ていただこう。そして、その翌日には、母の遺した住所録を見ながら、亀山宅に電話をしていた。

文子さんとの電話

亀山文子《ふみこ》さんとはその半年前も電話で話をしている。私が出した喪中はがきを見て、母が九十歳で亡くなったことを知り、驚いて電話をくださったのだ。

「目黒の文子さん、どうしているかしら」

母は自分より二歳上の文子さんを時々ふと思い出すように口にしていたが、お互いに言うことを効かなくなった自分の肉体との闘いの中で、年に一度の年賀状のやりとりでつながっている間柄だったので、私も母が亡くなって直後は連絡をせず、数か月後のお知らせとなったわけである。三十年にわたって目黒区内に住んでいた私は、一度だけ、母と一緒に目黒の亀山宅にお邪魔したことがある。文子さんにその記憶はあまりないようだったが、そんな経緯もあって、初めての電話とはいえ、お悔やみをいただきながらも会話は自然に弾んだ。

「お母様は何で亡くなったの？」

高齢者の死因は、肺炎であれ老衰であれ、たいていは複合的なものということもあってか、最近はあまり死因を表だって報せなくなっているように思う。ただ、母の病気の経緯を見ていた私にとって死因は明らかであったし、病院の資料にもそうあったので、「大腸がん」と答えた。癌にならなければ、もう少し寿命はあったと思う。いや、九十年も生きていれば体の弱いところが癌になるものなのかもしれない。それに対して思わぬ反応が返ってきた。

「あら、うちの娘も大腸がんで亡くなったのよ。四十六歳だったわ」

親戚というのは、かなり近しい間柄ではない限り、こういう身内のことは意外にも報せない。家族構成もよく知らないうえ、ましてや末のお嬢さんがスタンフォード大学の研究者（ＳＲＩインターナショナルで言語処理システムの研究をなさっていたようだ）としてアメリカに暮らし、子育てと仕事との忙しい生活の中で、ついつい検査を先延ばしにしていた結果、手遅れになったこと、まだ幼い娘さん（文子さんにとってはお孫さん）が遺されたことなど知る由もなかった。少なくとも母とお宅にお邪魔した時にはそういう話はなかったように思われるので、当時はご存命だったはずだ。

「やっぱり女の子はいいわね」

母の最期三年を一緒に暮らし、看取ったという私を少しうらやむようなそぶりを見せた。

この言葉の重みは、二〇二三年十月、文子さんのご葬儀で知ることになるのである。娘を亡くしたことは文子さんの人生で最大ともいえる悲しみであり、暫くは周りに口にすることはなかったという。

その時の電話では、同じ敷地内に息子さんが住み、いろいろ世話をしてくれていることに話が移り、また骨の影響で腰と背中に常に痛みがあるという最近の体調についても話が及んだ。そうこう話しているうちに、私のことも少し思いだしてくれたようで、ほんの子供時代の私をこんなふうに語ってくれた。

「そういえば、うちの母が『美意識の高いお嬢さんね』と話していたわ」

いただいたお菓子を包んでいたものであろう、テーブルの上にあったリボンを盛んに手でもてあそんでいたらしい。きっとそのいただいたお菓子の中身が欲しくてイジイジしていたのに違いないが、このように誤解して記憶してくださっているのは、非常にくすぐったいようなうれしい気持ちだった。

亀山文子さんは、元凞の姉、多嘉の一人息子である宮川之雄と友子夫妻の末娘である。元凞が北海道からの帰りに立ち寄った浜寺の近く、諏訪ノ森に家族で住んでいた。父上である之雄さんと私の祖母はいとこ同士だから、文子さんと母はハトコの関係になる。祖母はエリートであった之雄さんをかなり尊敬していた節があり、その奥さまである友子さんとも晩年まで交流があった。

之雄さんは戦前に亡くなったが、友子さんは長命だったので私もその面影というか、とても穏やかでありながらピシッとした、周りにただよう凛とした存在感のようなものを記憶している。お子さんは六人きょうだいだったが、文子さんの兄や姉は既に他界し、ただ一人存命なのが末っ子の文子さんであった。もともと祖母や母も同きょうだいの長女である節子さん（文子さんより六歳上で、東日本大震災の直後に施設で死去されたという。享年九十五歳）とも親しく、私も子供時代にお会いしている。いずれにしても我が家で節子さんと文子さんの話題になり、それぞれ名前を呼ぶ時は、何かあたたかな憧れに近い響きがこもっていたような気がする。

二人の姉妹の自然体でありながら垢ぬけた素敵さや、そこはかとなく漂ってくる知性はもちろんのこと、この宮川家にはあるドラマチックなファミリーヒストリーがあった。文子さんの父上、之雄さんは京都帝国大学の学生時代から、ある一人の芸妓さんと馴染みになっていた。その芸妓さんとの間に生まれた子供が、或る国民的女優として知られる人であることは、私も子供時代から聞いて知っていた。二〇一二年にその大女優が九十二歳で亡くなったこともあり、母との間ではその人と対のように思いを馳せていた文子さんがどうしているかと気になっていたのだった。そのことについてはこの初回の電話では触れなかったが、何となくその話も聞いてみたいという気持ちが自分の中に少なくなかったことは否めない。

「あら、小田原に行きたいわ。あなたと話していたらなんだか元気が出てきたわ。小田原行きを目指してがんばるわ」

この時はこれで電話を切ったわけだが、例のアルバムによって、想像していたより早くに再会する機会を得ることができたのだった。

目黒の亀山家訪問

「お見せしたいアルバムがあるので、お宅にお邪魔させていただいていいですか」

突飛なお願いにもかかわらず、訪問日時がすぐ決まってしまったのは、文子さんにも遠い親戚の記憶が残っていて、何となく興味をもってくださったからに違いない。母と祖母のおかげである。これは後から分かることだが、昭和初期、之雄さんの納骨の時の記念写真に、ご家族に交じって曾祖父や祖母が立ち会っているように、熊本の「武田家」にお世話になったというのが宮川家に伝わっているらしく、それが私とのご縁にもつながっているのであった。

ただ、私自身の顔はまったく記憶になかったようだ。あったとしても二十年以上も間があり、しかも二度か三度、数える程しか会っていないような遠縁の娘の顔など覚えているはずがない。会う前に少しは具体的なイメージを持とうと思われたのか、こう聞かれた。

「あなたはおいくつなの？」

「もう来年は還暦なんです」

私の方も、文子さんの近影の写真が我が家にあるわけではなかったので、イメージだけが先行してしまっていた。くるくるウエーブのかかったヘアスタイルやかわいらしい雰囲気、さらに天真爛漫な印象というのは記憶に残っていた。


五月も終わりのその日は、あいにく朝から強い雨が降っていた。例の更紗のアルバムが二冊入った重い荷物に、雨に濡れてもいいような重いエナメルの靴をはいて、小田原の家を出た。文子さんが提案されたように、目黒の駅ビルで昼食用のお弁当やサンドイッチなどを買いこみ、アイフォンで写しておいた古い写真をプリントして差し上げようと、駅前の写真屋にも立ち寄った。以前のように紙焼きを行わなくても、アイフォンを古い写真に近づけるだけでそこそこきれいに撮れる。便利になったものだ。

駅前からバスに乗り、教えられた停留所で降りたものの、方向音痴の私は少し迷いながら「亀山」の表札にたどりついた。同じ敷地内に息子さんの家があることを聞いていたので、すぐにベルを押すことをためらい、確認するように家の外側をぐるり左に回ってみると、息子さん一家三人の名前が並ぶ表札のかかった家があった。

隣接した建物には、ちょっと年季の入ったステンドグラスが張られている。建てられた当時は非常にモダンな造りであったことがうかがえる。家の中からは甲高いといえるほど明るい話し声が聞こえてきた。ここが文子さんの住む母屋に違いない。その日の午前中はヘルパーさんが掃除に来る日だと話していたので、文子さんがきっとその人と話しながら珍客を待っているのだろう。そこには入口がないので、やはり先ほどの所で良かったのだと、また右の方へもどり、改めてベルを押し、自分の名前を告げた。約束の十二時を少し過ぎていた。

しばらくして奥の家のドアが開き、一人の上品な老女が出てくるのが見えた。どちらかという小柄な方だろうとは思っていたが、想像以上に小柄できゃしゃな方だった。白地にきれいなブルーの花柄のプルオーバーが、手入れの行き届いたきれいな白髪によく似合っている。

物珍しそうに、目をきらきらさせながら私の方を見ている文子さんと挨拶を交わした。腰が悪いと伺っていたのでさぞかしと思っていたが、自力でまっすぐ立って動いていらっしゃる。むしろ弾むような快活ささえ感じられた。私にとっては初対面という感じではないが、昔の記憶がよみがえったというのでもない。これでは目黒の街中ですれちがったことがあったとしても気がつくわけはないだろうと思った。

私が小田原に腰を落ち着ける前、長い間、目黒にいたことは前にも触れた。特にその半分以上は恵比寿駅と目黒駅の中間にある三田という所にいたので、目黒本町とは目と鼻の先。目黒駅も頻繁に利用していた。さらにその亀山家の近くのエリアにも数年住んでいたことがあった。以前、母と一緒に伺った時にも目黒区内に住んでいたはずだが、いずれにしても親に付き添っての親戚付き合いと、自ら率先しての交流というのは接し方が根本的に異なっている。

文子さんに導かれるまま、庭を通り、その家の玄関の方に進むと、右手の方に大きな花のついた木がなぎ倒されているのが目に入った。この花は何というのだろう。時々見かける庭木で、オレンジ色の大きな花は下を向いた百合のような形をしている。たくさんの花がついたまま、太い幹が無残にも割かれていて、中の生木があらわになっている。昨夜はそれほどの強風だったのだろうか。後から調べて、その花の名前が「エンゼルトランペット」であることを知った。

促されて中に入ると、広々とした玄関に広い居間が続いている。上がり口の眼の前にはユトリロのような油絵、そしてダイニングへと続く部屋の壁には、ロートレックの有名な人物画の大きな版画が数枚かかっていた。この家主がフランス絵画に興味があったことが伺えた。

しばらくすると、中背で比較的がっしりした体格の初老の男性が玄関に入ってきた。同じ敷地内に住む息子さんが、どこからか帰ってきたところだという。文子さんに頼まれた買い物を渡している。まだ玄関付近に立っていた私は、あわててその場に低くなって挨拶した。名刺を私の方に差し出す息子さんに、私も奥においておいたバッグの中にある名刺を急いで取りに行った。きっと母を心配し、突然の珍客の様子を見に立ち寄ったのだろう。一言二言交わした後、家には上がらずにすぐ外へ出ていかれた。この方こそ、後に文子さんに代わって交流を深めていくことの要となってくださった、亀山保さんである。

部屋にもどってまた文子さんといろいろ話しているうちに、窓には、先ほど外から見えた、レトロなステンドグラスがあることにも気がついた。昭和らしい西洋建築を大切に暮らしている様子に、この家の知性と感性の高さを感じさせた。


「あらあ、日本の『還暦』の意味が変わったのかしら」

「世の男性は本当に見る目がないわね」

独身であることを既に電話で告げていた私に対する思いやりなのだが、こういうことが嫌味ではなく、愛嬌いっぱいに自然に口にできるのが文子さんである。私も思わず、こう切り返していた。

「はい、私もそう思うんですけど」

食卓についてもお互い話に夢中になり、持参した弁当類を並べたものの、食事がなかなか進まない。文子さんも落ち着かない様子だ。肌が透き通るように白い。プルオーバーの胸元の青い花の横に、小さな黄色のシミがあるのがかわいらしかった。

「ここにいらっしゃい」と促されるまま、ソファに移り、ようやくアルバムを見始め、少し経つと、そろそろお暇しなくてはならない時間が近づいているのに気が付いた。次には渋谷で仕事の約束が入っていたのだ。もっと余裕のある時に伺えばよかったと後悔したが、このくらいがよかった、これ以上は疲れさせてしまうと後から自分を納得させた。

これだけは持ちかけてみようと、例の国民的大女優のことも差し向けてみた。確か文子さんとはほぼ同年代のはず。ほんの一瞬の間はあったが、この問いかけにも特に動揺することなく、父親に対してむしろ客観的なリアクションを見せた。

「子供までいたんですからねえ」

この話題にそれほど長い時間を費やしたわけではないが、この時に既に、一家を牛耳っていた多嘉さんの存在が私の中でくっきりと浮かび上がった。多嘉さんは武田家の出であり、私の祖母の叔母なので、私も血がつながっている。文子さんによると、祇園のウワサなど届かない、遠く北海道から優秀な嫁を探してきて、自慢の一人息子と結婚させたというわけである。そして次々に六人もの孫を授かった。

この多嘉さんは相当の写真好きだったと推測される。こういってはなんだが、お世辞でいってもあまり美人とはいえない。昔よく使われた「ちんくしゃ」という表現がぴったりなファニーフェイスで、きょうだいの中では元凞と一番よく似ている。それに対して之雄さんは、どうしてこの人からこの息子がと思わせるような美男子。多嘉さんは夫との写真は見当たらないが、一人の肖像写真、武田家のきょうだいと一緒の写真、子沢山であった之雄さん一家と一緒の写真と、実に多くの写真が残っている。私の祖母、キミともかなり写真のやりとりをしていたことが後からわかった。「御叔母上様」の筆書きを添えて宮川家に送られていた写真が再び、私の手元にもどってきたからである。

時間が来ても、何となくおなごり惜しかったが、ちょうどヘルパーさんが家にもどってきたのを機に、宮川一家が写っているプリント写真をわたして、その日はあわただしく失礼した。

護身刀を手にした末っ子

次の日に、早速、文子さんから電話がかかってきた。

「あなた、昨日はありがとう。楽しかったわ。ベッドに入ってからもあの写真をずっと眺めていたわ」

前の日に「この写真はお棺に入れてもらう」とまで言った、お気に入りの写真である。その写真は初めてみるような口ぶりであった。きょうだいが皆いなくなって自分だけが残されているという感慨が、今まで以上にわいてきたのかもしれない。

それは、大阪・堺にあった多嘉さん、つまりお祖母さんの家の庭で撮ったものらしい。当時、お祖母さんは息子一家のいる諏訪ノ森に程近い浜寺という所で、息子の之雄さんが設計したハイカラな家に住んでいた。木の窓が外側に両方に開くようになった洋風建築である。その家の写真はなくても、この庭の様子から何となくその家も想像できる。近くの浜寺海水浴場までよく歩いて泳ぎに行ったと、後になって文子さんは話してくれた。そこは今では海浜公園になり、対岸は工業地帯に変貌しているが、このエリアは今も立派な邸宅の並ぶ閑静な高級住宅地のようだ。私は行ったことがないが、南海本線の浜寺公園駅旧駅舎は、一九〇七年に建てられた辰野金吾設計の木造平屋建てで国の登録有形文化財になっており、二〇一六年の駅舎終了後はギャラリーとして使用されている。

写真は子供たちだけで並んで撮ったもので、全員が白い夏服を着ている。上の二人の男の子は、軍服にも似た小学校の制服と帽子。セーラー服を着た下の男の子はじっと立っているのがちょっとつらそう。やはり帽子をかぶった長女の節子さんは、いかにも利発そうな表情でしっかり前を向いている。六人きょうだいの中央にデンと籐椅子が置かれ、そこにフリルのついたベビー服を着た文子さんがちょこんと乗せられている。

大正十二年（一九二三）生まれの文子さんがまだ二歳になるかならないかという感じなので、明らかに大正末期。こんなモダンな洋装のできる家庭は一般にはそうなかっただろうから、宮川家の生活レベルが伺える。それ以上に、男の子も女の子も全員の顔立ちがとても整っていて、いかにも育ちのいいお坊ちゃん、お嬢ちゃんという雰囲気がみなぎっている。家族で南海電車に乗って難波の高島屋に出かける時などに、電車の中で周りの人からジロジロ見られるのが恥ずかしかったと文子さんは話していたが、当時としてみれば「子沢山」は珍しいことではない。その育ちの良さが目を引いたのであろうことは容易に想像できる。

きょうだいの中央に主役として担ぎ出された文子さんは、何かきょとんとした表情をしている。それは九十余年の時間を経た今の文子さんとあまり変わらないという印象だ。写真の文子さんをよく見ているうちに、あることに気がついた。右手に何か握っている。あ、これは護身刀だ。

護身刀というのは、自分の身を守るために持つ刀で、相手を打ち負かすというより、特に女性の場合、何か不測の事態には自らに刃を向けるという意味合いも込められている。写真のそれに気がついたのは、我が家で母の晩年、祖母が遺した茶箪笥の中を、半世紀の時を経て整理していた時に、三〇センチ程の護身刀が出てきたのであった。どこか「士族の娘」といった雰囲気を持ち続けていた祖母は、きっと娘の頃にやはり祖母からか授かったのであろう護身刀を、長い間、手放さずに持っていたのである。

　こともあろうに、その錆びついた古い刀を見て、私は咄嗟に「要らない」と言ってしまったのである。それは今では役に立たない物かもしれないが、あるものの象徴であることをその時に感じないほど、その時の私は目の前のことにあくせくとしていた。多くの茶道具や雑貨と共に、それも古道具屋の元へと行ってしまった。

　同じ「士族」の血が流れている多嘉さんは、かわいい孫たちの記念撮影に当たり、末娘の成長を願って、護身刀を握らせたのだろう、その思いがひしひしと伝わってくる。もしかしたら、孫たちをいったん並ばせた後で急に気がついたのかもしれない。男の子たちの様子には長いこと待たされて疲れたという感じがなくもない。


　六人の孫の中でも、多嘉さんは文子さんを何かとかわいがっていたようだ。やんちゃな男の子たちは、礼儀作法などにも厳しかったお祖母さんをちょっと煩わしくも感じたのだろう。また姉の節子さんは男の子たち以上に男っぽい性格だったというから、この末っ子の女の子に託す思いは強かったといえる。末っ子特有のかわいらしさを文子さんは持ち続けていた。「きょうだいの後をちょこちょこついていっただけ」と謙遜するが、愛される資質というのは一生変わらないものだ。

ある時、文子さんは一人でお祖母さんの家にお泊りに行ったことがあった。夜、家族のいる家の灯りが遠く窓から見えると、急にホームシックになり、家に飛んで帰ったという。浜寺と諏訪ノ森は現在も隣の駅、つまり一駅分の距離があるわけだが、あまり建物も多くない時代、向こうの方に家族のいる家の灯りが見えたというのも大げさではないのかもしれない。

文子さんがお祖母さん・多嘉さんの思い出として最初に話してくれたのは、カレーライスだ。当時はまだ家庭料理としてはあまり一般的ではなかったようだが、お祖母さんの家でカレーライスをふるまわれた時に、全体を崩して一度に混ぜるのではなく、端から少しずつ食べるようにと教わったという。そういうマナーにも厳しい人であった。

いずれにしてもそのお祖母さんの家の庭で撮った写真は、琴子さんのアルバムにあったものではなく、我が家のアルバムの方にしかなかったものだ。親戚同士、写真のやりとりをした中で、時には同じ写真が双方にあることもあるのだが、宮川家の写真に関しては、だぶっているものが一枚もなかった。之雄さんと友子さんの結婚式の写真などは、我が家の方ではなく、琴子さんのアルバムの方にあり、「あ、これは私の父母」と文子さんが見てくださらなくては誰なのか判明の難しい写真だったといえる。

文子さんは好き嫌いがはっきりしていて、好きなものは感激して口に出すが、逆に嫌いなものは正直にそういう。何事も正直な人なのだろう。数枚見せた写真の中でも、「これはあまり好きではない」というのもあった。それは一家が写真館で撮ったもので、小学校低学年と思われるおかっぱ頭の文子さんは最前列の椅子に座っているものの、何か気に入らないことがあったのかプイと斜めの方を見ている。上の五人の兄や姉もすっかり大きくなり、皆、学生服を着ている。

ただそこに写る父親の之雄さんは、「これが私の思う父のイメージ」というように、私の手元にある彼の写真の中では最も後年のもので、丸い眼鏡をかけて落ち着きがある。年代としては四十代、病に倒れる晩年間近であろうが、大阪で紡績会社を経営していた之雄さんが、仕事で一番のっていた頃なのかもしれない。文子さんが十歳の時に亡くなっただけに、文子さんにはあまり具体的な思い出はないらしいが、六歳年上の姉である節子さんによると、家庭ではかなり厳しい人だったようで、食事の際に行儀が悪いと箸箱で叩かれた思い出もあったという。

両親と六人のきょうだいと家族が全員集まった写真だが、その中央で存在感を見せていらっしゃるのは、やはりお祖母さんの多嘉さん。ゴッドマザーのような貫禄がある。その多嘉さんは、最愛の一人息子、之雄さんを失くして四年後、昭和十二年（一九三七）の元旦に、七十七歳で亡くなった。その床の周りにドライアイスがたくさん置かれていたことを文子さんは覚えている。

その後、まもなく、文子さんと保さんは小田原の我が家に来てくださったのだが、なぜか私はナーバスになりろくなおもてなしもできなかったのに、別れる時はこんな挨拶をいただいた。

「あなたに会えて本当に良かったわ」

何とありがたい言葉であろう。

文子さんの小田原来訪の一つのきっかけに、小田原で山道を歩いたという記憶があった。「またあの山に行きたいわ」と何度もおっしゃっていたのだが、私はそれがどこのことを指しているのかが分からなかった。私の両親や文子さんのごきょうだい数人で、大雄山最乗寺に行った時の写真が出てきたのは、ずっと後のこと。せめて家の周りの山道をお連れすればよかったかもしれない、いや杖をつきながらではいずれにしても難しかったかもしれないと、後々まで後悔が残った。


その後、文子さんは数年、同じ敷地内の別の建物に住むご長男の保さんと、ヘルパーさんの助けを借りながら一人暮らしを続けていたが、コロナ禍の少し前から介護施設に入居し、なかなかお会いする機会がなくなってしまった。ただ、小田原訪問の際や、その後の電話などのやりとりで多くの話を伺うことができたことに心から感謝している。

百歳を迎えた二〇二三年九月十九日、私は施設にお祝いに伺ったのだが、体調が芳しくなく直接お会いすることはできなかった。そして、その二十日後、天に召された。桐ケ谷斎場で行われたご葬儀はおごそかな神式であった。これは亀山家というより宮川家代々の伝統にのっとるものであったのだろうか。

国民的大女優・森光子の父とその家族

さて、そろそろ、文子《ふみこ》さんの四歳年上の異母姉である国民的大女優のことを話さなくてはならないだろう。二〇一二年に九十二歳で亡くなった森光子さん（本名・村上美津）である。

京都の芸者と京大生

我が家は祖母も母も、ある意味では森光子さんが親戚であることに誇りを感じていた。テレビに森光子さんが出ていると、「やっぱり、どこか似ているよね」などと言いながら、家族中で食い入るように見ていた思い出がある。祖母の存命中は、森光子さんはまだテレビドラマの「お母さん」のイメージが強かったが、祖母はいとこである之雄さんのことを思い出していたのかもしれない。母は一度、その舞台を観に行って、「森光子さん、若々しかった」と話していた。近年になって分かったのは、親戚は皆が皆、そういう感情をもっているとは限らず、この話題を出すと、ほとんどリアクションがないような不思議な空気になることもあるのであった。

森光子さんが自らの人生を語った朝日新聞の連載記事のコピーが我が家に遺されていた。二〇〇一年四月五日から五月三十一日までの木曜夕刊に計八回で連載されたもので、森光子さん八十一歳の時のものである。この二回目の冒頭に、生い立ちをこう語っている。

京都の木屋町で生まれ、育ちました。母は村上艶。木屋町で料亭兼旅館を経営するまでは自前芸者でした。三味線が好きで、この道に入ったようです。父は宮川之雄。大阪府下で繊維会社を経営していた家の息子です。京大生だった父と恋愛し、母は五人の子供までつくりました。芸者と京大生の恋愛はよくあったそうです。

生い立ちについては度々話していたようで、その他の連載記事やインターネットのウィキペディアにも似た記述がある（さらに、テレビ朝日系の長寿番組『徹子の部屋』に出演した時もこのことを語っていたことを最近の再放送で確認した）が、後述する異母妹（亀山文子さん）に会った話は、ここと川良浩和著『森光子——百歳の放浪記』（二〇二〇年発行・中公新書ラクレ）くらいにしか書かれていないのではないかと思う。ちなみに、艶さんが経営していた「料亭兼旅館」の建物は今もそのままに先斗町に「新三浦」の店名で現存している。

母親・艶は祇園の芸妓、父親は紡績会社社長の御曹司で学生時代に母を見初め、共に寄り添う仲となったが、家族の反対に遭い結婚がかなわず、そのなかで森は生まれ、母親の私生児として育てられた。

まず、ここにも「紡績会社社長の御曹司」とあるように、父親は繊維会社（紡績会社）の社長の息子だったという表現がいくつかの媒体で見られるが、これはあまり正確ではなく、宮川家は代々政治家の家系である。宮川之雄は明治十七年（一八八四）、熊本生まれ。明治四十二年（一九〇九）に京都帝国大学理工科大学機械科を卒業後、大阪の吉見紡績の創業時メンバーとして入社している。これは日本綿業の功労者である谷口房蔵という人物が、大正時代に地元の泉南産地に作った会社で、岸和田紡績と並ぶ泉南産地の大規模紡織兼営企業であった（詳細は三田学会雑誌一一三巻三号「泉南綿織物業と谷口房蔵——吉見紡績株式会社を事例に」（橋口勝利著））。今でいうとＩＴスキルに長けたエリートというところだろうか、いずれにしても紡績というのは当時の日本経済を背負う花形産業であったのである。大阪の船場に綿業会館という歴史的建造物（重要文化財）があり、以前行ったことがあるが、かつて近代日本の綿産業の華やかな活況ぶりを想わせる場所だ。今は結婚式場などにも人気があるようだが、戦前はまさに日本外交の舞台であった。

上記論文の中にある役員変遷の資料を見ると、代表取締役社長は他社の経営も兼ねる谷口房蔵だが、之雄は一九一九年から取締役となり、一九二一年から一九三〇上半期までは二人いる常務取締役の一人に名前を連ねている。一九三〇年下半期からは再び取締役に降格しているが、これは病気で体調を崩したせいと想われる。

先ほどのコラムは、以下のように続いている。

> 母は父の戸籍には入っていない。「子供も出来たのだし、結婚したらどうだ」と父の実家から話はあったそうですが、「あんな堅苦しい家はいや」と断ったと聞いています。だから父にうらみはありません。

新聞コラムはインタビューによる記者の執筆だろうから、話し言葉には多少の虚勢やおおげさな言い回しが含まれるであろう。宮川家（父方）の反対か、村上家（母方）の反対か、いずれにしても

「家族」の反対にあって、結婚は果たせなかったというわけである。

私の中では之雄さんの母である多嘉の顔が浮かんでくる。手塩にかけて育てた優秀な一人息子の嫁を、こともあろうに京都の花柳界からなどとんでもない。士族出身のプライドや価値観から、その婚姻が受け入れられなかったことは容易に想像できる。彼女の生まれ育った武田家というのは、特に口うるさい封建的な家柄であったようだから。之雄さんもそういう母親の思いを察し、結婚をのぞむことは早くにあきらめたのではないだろうか。昔は男にとっても女にとっても宿命として「家」というものが主軸にまわっていたのである。

それにしても学生時代から亡くなるまで、婚姻関係もないのに三十年も続く男女の縁というのは並大抵のことではないだろう。しかも結婚後は本家に六人（他家に養子に出した男子を含めると合計七人）の子供のいる家庭がありながらも、それとは別にもう一つの家族のような関係が続いているというのは相当のエネルギーの持ち主である。村上艶さんと同様、之雄さんはあまりお酒が飲めなかったようだ。よほど祇園の雰囲気や芸事を愛する人ではなかったかと思うのである。それは日常の仕事の苦労を忘れさせてくれる非日常の場所だったに違いない。

森光子さんは先ほどのコラムで、父親には「十回ほどしか会っていない」と話している。之雄さんは仕事帰りの夜に艶さんの仕事場である祇園の店へと行くのだろうから、子供たちと密に接する機会は少なかったのかもしれない。美津（森光子）さんの下にやはり之雄さんの子供である弟が二人いたことはどこからか聞いていたが、先ほどの新聞コラムには「五人の子供」とあり、兄が三人とある（先の『徹子の部屋』では兄が二人いて早くに亡くなったと自ら語っている）。何人が之雄さんとの子供なのか正確なところは分からないが、いずれにしても之雄さんと艶さんの間にはそれほどの年月と密度があったというわけである。美津さんが京都府立第一高女に通っていた昭和八年（一九三三）、母親の艶さんが結核で亡くなり、その数か月後、後を追うように、父親の之雄さんも同じ結核で亡くなった。

図り知れない家族の思い

本妻である友子さんの心情というものに想いが及ぶのは当然である。もちろん、知らなかったはずはない。もしかしたら最初から承知で結婚を承諾したのかもしれない。いや、それはないにしても、姑である多嘉とはいつかの時点でそういう会話はあったはずだ。守られた妻の座、当時は珍しいことではなかったとはいえ、夫が別の家庭を持って二重生活をしているということに、そう穏やかにいられるものではないだろう。

でも、あの友子さんならあり得る、私はその大柄で穏やかなたたずまいや、相手をしっかり見据えるような表情を思い出しながら、そう思うのである。家庭の中では、父親はもちろん、母親もその話題に触れたり、感情をあらわにしたりすることは全くなかった。夫の之雄さんの遺言には、村上家にお金をわたしてくれという文言があったらしく、それを粛々と実行したであろう多嘉と友子さん、二人の姿が目に浮かぶのである。

ただ、子供というのはそういうことを意外に敏感に感じるものである。最初に、きょうだいがその事実を知ったのは、男の子の誰かが、親戚かどこかの家で、「あなたのところのお父さんは……」という具合に、そのウワサを聞いてきたことに端を発するようだ。男のきょうだいの中には興味を持ってある時期に接近していったこともあったようだが、女の子の父親に対する感情には微妙なものがあって、文子さんの姉の節子さんはその事実を知ってかなりのショックを受けたと、私は母か祖母に聞いたことがある。末っ子の文子さんは、どこかすべてを受け入れるような持前のおおらかさからか、揺れ動く複雑な感情ながらも冷静に受け止めていたような気がする。

これは、森光子さんが女優として大成してからのことだが、なにかのきっかけで既に大人になっている宮川家きょうだい六人に食事のお誘いがあったという。きょうだいが示し合わせた結果、そのお誘いを受けるのをやめたらしいが、おそらく節子さんが猛反対したのではないかと思われる。これによって、全員で顔をそろえて会う機会は永遠に失われてしまった。

きょうだいの中でもおそらく唯一、顔を合わせたことがあるのは、末娘の文子さんである。文子さんと森光子さんの出会いについては、先述の新聞コラムに次のように書かれている。

昔、森繁久弥さんの奥さんが「会わせたい人がいる」と言うので、日を決めて出かけました。スーツと帽子がとても似合う女性でした。美しい異母妹でした。何を話したか思いだせません。

文子さんの長男の保さんによると、この時は父親、つまり文子さんの夫の六蔵さんが付き添って会いに行ったという。この記事を読むと、二人の交流はこれっきりだったような印象を受けるが、二人はずっと年賀状のやりとりを続けていたらしい。さらに森光子さんが最期に入院していた病院に、文子さんは出かけていこうとしたらしい。それはさすがに断念したらしいが、文子さんは彼女にある種の親近感を抱いていたのは間違いない。その底にあるのは「父のことをもっと知りたい」というお互いの思いであろう。

二人はよく似ているのではないかと、保さんも話している。それは、少女のような感受性で、いろいろなものに感動するところではないだろうか。我が家にいらしていただいた時も、文子さんは小さなソファにあるクッションとか、母の写真とか、些細な物にも目をとめて「これ、すてきね」「いいわね」とおっしゃった。森光子さんのことはブラウン管を通してしか分からないが、若い人を相手にしていても人との接し方がナイーブというか、何事にも一生懸命で天真爛漫な姿勢が伝わってきた。

保さんはＮＨＫ勤務時代に、社内のエレベーターの中で何と、偶然に森光子さんと二人だけになったことがあるという。ただ、ひと言も言葉を交わすことなく、長い沈黙の時間が過ぎていった。ミーハーの私などはすぐ名乗ってしまうところだが、もちろんＮＨＫ職員という公的立場もあるが、実際の親族というのは意外に冷静なような気がする。宮川家の方々はこれまで森光子さんにまつわるマスコミの取材を受けるような経験はないようで、それは両家のお互いへの気遣いというか、家のカルチャーは全く異なりながらも、それぞれが持つ品性がそうさせているような気がしてならない。

この件について、保さんは後日、次のように心情を打ち明けてくれた。

「私が八階から乗ったエレベーターに、森光子さんが七階から一人で乗ってきました。いつもは途中の階で誰かが乗り降りすることが多いのですが、なぜかあの時、エレベーターは一階まで二人だけでそのまま直行しました。私はどちらかというとこういう機会には声をかける方なのですが、あの時はなぜか、母が何度か口にした『母（宮川友子）がかわいそう』という言葉が頭に浮かび、声をかけることをためらいました。そして何秒間だったのか、母と背格好がほぼ同じ森光子さんの後ろで逡巡しましたが、最後まで黙ったままでした。あの時に声をかけていたら、その後、別の展開が生まれたかもしれません。でも私には後悔の念はありません。あの短い一瞬の回合を大事に記憶にとどめたいと思っています」

森光子さんの青山斎場での葬儀には、いとこの宮川博行さんと一緒に、一般の参列者としてお見送りしたという。

あっぱれ「函館の才媛」

之雄さんもドラマチックだが、妻の友子さんもかなりドラマチックといっていい。旧姓・樋爪トモは、明治二十四年（一八九一）、函館の北前船、大歓丸を持つ貿易商を営む家で生まれる。父・樋爪与兵衛は、明治天皇の第一回函館訪問の折、自宅の碁盤で囲碁の相手をしたというくらいだから、その家柄の良さが伺える。

北海道の友子さんと熊本の之雄さんがなぜ結ばれたかというと、北海道庁立の女学校時代、友子が地元の新聞に函館の才媛「函館小町」として紹介された記事が縁になったという。之雄さんの母、宮川多嘉がどこかでその情報をすかさず見ていたというわけである。文子さんはクールにこう言い放っていた。

「きっと、京都の噂が届かない遠くからお嫁さんをもらいたかったのではないかしら」

さすがゴッドマザーの眼力であるが、之雄さんも母の言いなりでしぶしぶというわけでなく、妻としてふさわしい女性であることを見抜いて気にいったというのは嘘ではないだろう。二人の結婚式の写真を見ると、まさに美男美女の完璧なカップルといえる。

優秀で子沢山の友子さんには、姑の多嘉もさすがに頭が上がらなかったに違いない。之雄さんと友子さんは、先にも述べたように、六人の子宝に恵まれた。本当はもう一人。末っ子の文子さんの下に弟さんがいたというが、生まれて間もなく、親戚の要望で養子に出したという話をうかがった。

「本当は養子に出したくなかったと、母は話していたわ」

こんなふうに、友子さんは末っ子の文子さんに心の内をいろいろ明かしていた。夫の死後、友子さんは多嘉さんの晩年を一緒に暮らし、生活の世話をしたわけだが、後年、娘の文子さんにこう漏らしたという。

「毎日の食事の献立日記を細かくつけていたのよ」

献立日記をつけること自体はそれほど変わったことではないが、おそらく毎日の料理に対する辛口のコメントがつけられていたのだろう。それとは直接は関係ないかもしれないが、多嘉は大宮駅の弁当事業で当てたというエピソードも残っている。これは、武田家出身にしては珍しい多嘉のビジネスセンスともいえるし、同家の食へのこだわりというふうにも受け取れる。多嘉だけではなく、之雄さんも友子さんも食事中のマナーに厳しく、行儀が悪いと箸箱でたたかれたという話は子供たちだけではなく、孫に当る人からも伺った。

多嘉さんのゴッドマザーぶりはもとより、夫に次いで姑亡き後も、友子さんは立派に家を守り、子供たちを見事に育て上げたゴッドマザーだったのである。第二次世界大戦中、宮川家一家は一時、友子さんの実家のある函館に疎開していたが、その後は東京に拠点を移す。それは「子供たちも東京の大学に行くことになるだろうから一家で東京へ」という夫・之雄さんの遺志によるものであった。戦前に亡くなっている之雄さんの眼には、既に新しい時代に向けた展望が見えていたといえる。友子さんは長く三鷹で暮らした後、昭和五十二年(一九七七)に八十五歳で亡くなった。

宮川家の方々と交流して実感するのは、之雄さんの頭の良さはもとより、芸事好きの血が世代を超えて脈々と流れているということだ。文子さんはコーラスや俳句、保さんは音楽や絵画、さらにその次の世代も音楽や芝居にかかわる方がいらっしゃるのを聞くと、森光子さんともども芸術を愛する心は遺伝していくものではないだろうかと思うのである。

陸軍中野学校第一期生を二人輩出

さらに、宮川家にはもう一つの秘話がある。

之雄さんの長男、正之さんと、末っ子の文子さんの夫、亀山六蔵さんが、そろって陸軍中野学校の第一期生だったというのだ。陸軍中野学校の一期生はわずか十八人なので、その中の二人というのはかなりの比重といえる。しかも二人は共に慶應義塾大学の出身。正之さんは大正二年（一九一三）生まれ、六蔵さんは大正四年（一九一五）生まれ。お互い学生時代に会うことはなかったが、騎兵隊見習士官の時に出会い、生涯の友になった縁で、六蔵さんは正之さんの妹である文子さんと結婚した。

慶大の研究会が継続して調査

中野陸軍学校に関しては、慶應義塾大学メディア・コミュニケーション研究所の都倉武之研究会が継続して調査研究を行っている。そのきっかけを、政治史専門でメディアや情報との関係を研究している都倉先生（慶應義塾大学福澤研究センター准教授・福澤諭吉記念慶應義塾史展示館副館長）は、二〇二三年資料展の会場でお会いした時に以下のように話してくださった。この資料展では、宮川正之と亀山六蔵が外地で使っていた辞書などの蔵書、および二人の写真などが展示されていた。

「十年程前、終戦七十年で過去の見直しの機運があった時に、ヤフオクなどで陸軍中野学校関係の資料を発見したのがきっかけです。政治史や戦争史というのはキーパーソンの記録はあるが、個人の資料はあまりないものです。中野陸軍学校については、映画などの影響から興味本位で見られる面が大きいですが、実情はどうなのかというところから研究が進みました」

昭和五十四年（一九七九）生まれの都倉先生を中心に、若い学生たちがこのような調査研究を続けているということは感慨深い。

『陸軍中野学校をめぐる人々とメディア表象——その虚像と実像』の二〇一七年（平成二十九）版刊

行の際に、都倉先生が亀山六蔵さんの長男である亀山保さんを慶應の塾員（卒業生）名簿で見つけたことをきっかけにやりとりがスタートし、さらに弟の修さん、そして保さんを通じて宮川正之さんの長男である宮川博行さんとも知り合った。この二人との出会いは、同研究会の調査研究にとっても大きな前進だったに違いないし、もちろん保さんと博行さんにとっても、それぞれ若き日の父親と対峙する機会となったのである。

そもそも陸軍中野学校とはなにか。同研究会の資料によると、以下のようになる。

昭和十三年（一九三八）七月に開設された後方勤務養成所が前身。昭和十五年（一九四〇）八月に「陸軍中野学校」に改組され、昭和二十年（一九四五）八月十五日に解散した。諜報、宣伝、謀略、防諜など、情報を扱う「秘密戦」に従事する人材を養成した。設立当初は平時の秘密戦を想定していたが、開戦によって戦時下の情報戦要員や遊撃戦幹部要員の養成にシフトしていった。在校期間は概ね一年だが、養成目的や戦争悪化に伴って短縮。卒業生は本校が千六百十七名、二俣分校が五百五十三名。特に第一期生の学生は、徴兵後、甲種幹部候補生から、幅広い知識と精神的、肉体的に優秀な者が選ばれたという。

陸軍中野学校の名は聞いたことはあるが、その実情はよく分からないというのが大半の印象ではないだろうか。小説や映画などの文学作品の影響もあって、一般的には「謎めいたスパイ」というイメージができあがっている。敬礼をしない、軍服を着ないなど、通常の軍人とは異なるルールもそれを助長しているかもしれない。

その理由は、二〇一七年（平成二十九）『陸軍中野学校をめぐる人々とメディア表象――その虚像と実像』（慶應義塾大学メディア・コミュニケーション研究所の都倉武之研究会）の「はじめに」で的確に述べられている。

「中野は語らず」と関係者が言うように、陸軍中野学校の実態が公に語られることはほとんどなかった。その謎に包まれた実態と、諜報、謀略、防諜などの聞き慣れない言葉の影響もあってか、戦後、陸軍中野学校は「スパイ」養成機関と表現されることがある。

昨年度の都倉研究会論文集『陸軍中野学校の虚像と実像』では、主に陸軍中野学校の学校そのものや教育に着目し、その実態を調査した。そして陸軍中野学校ではいわゆる「スパイ」という語でイメージされるような高度な専門技術の習得ではなく、情報分析などに必要な幅広い知識を身に着けることが当初の目的とされたことを論じた。また、虚像の面では、新聞や雑誌などで表象される陸軍中野学校について調査した。メディア上では、やはり「スパイ」のイメージに合致するような特殊な側面がクローズアップされやすいことがわかり、イメージ形成の一翼を担っていたのが戦後三十年間フィリピン・ルバング島のジャングルで生き延びた小野田寛郎の存在であると考えられた。

「スパイ」という言い方は本人や家族にとっては嫌悪感のあるもので、「諜報員」あるいは「インテリジェンスオフィサー」と呼ぶのが適切であると、先の都倉先生も指摘している。一期生の期間中、宮川正之は「宮田」、亀山六蔵は「亀田」と呼ばれた。

陸軍中野学校時代のことはやはり守秘義務が前提にあることはもちろん、当事者にとってはあまり思い出したくないこともあるに違いなく、それぞれの家族にも詳しいことは語っていないが、そこでの経験が見えないところでその後の人生に影響を及ぼしていることは確かだろう。また、長い間、戦争とは無縁でいられたこの国にとっても、戦争と情報についていろいろ考えさせられる時代となっていることに複雑な思いがあるのである。

陸軍中野学校については、同校出身者遺族はどのような思いを持っているのだろうか。亀山保さんが、『陸軍中野学校をめぐる人々とメディア表象――その虚像と実像』で取材を担当した森原彩子さんへ宛てた手紙の中の一文を紹介したい。保さん自身は、麻布中学・高校を経て、慶応義塾大学を卒業。ＮＨＫで定年まで勤めた経歴を持つ。

日本中が一つの価値観で右にならえをしてゆく戦争直前の時代に、第一期の中野学校が実は多様性を認め、比較的自由度のある教育をしていたという事に驚いたのです。学校は丁度、台風の目のような感じの位置にあったといえるかもしれません。そして父たちが、偶然にもそこで初めての生徒として教育をうけたということ、そもそも陸軍（騎兵）に入っていたわけですから、その後の進路としてはこれほどの幸運は無かったのではないか、と感じた次第です。父がおそらく、中野学校で学んだことをその後の人生の核心の一つに置いたであろうことも理解できます。「中野は語らず」という精神から、皆が記録したり話したりしなかったことは残念です。高度情報化社会の現在では想像しにくいですが、中野学校は情報というものと向き合った日本で最初の学校に近い存在だったのではないか、とも勝手に思いました。少なくともその初期は……。なかなか他の人たちには説明が難しいことですが……。

おまけをいえば、今も日本人は情報との向き合い方が不得意だと感じる出来事が、特に企業の不祥事などで頻発しているように思います。会議などで率直な議論ができず、合意を重視するあまり、リスクを憂慮する意見などは抹消されてしまう傾向が強いことも一因ではないでしょうか。また、私は戦後七十数年の平和な時間が少しずつ変化し、日本が右傾化し単一化してゆくようで、多様な声があがりにくくなっている現在の日本の状況も憂慮しています。

魅力ある二人の男性の出会い

宮川正之氏と亀山六蔵氏がどのような人物であったかを、もう少し詳しく見てみたい。陸軍中野学校第一期生の中でも、共に海外に長期滞在して情報将校として活躍した代表的人物で、正之氏はヨーロッパ、六蔵氏はアフガニスタンを拠点に活動した。

大正二年（一九一三）生まれの正之さんは、甥の保さんや修さんからみても相当にカッコいいすてきな人だったらしい。「人柄、品格、容姿、それはどれをとっても優れていた。真の慶應ボーイ」（亀山修）で非常に真面目な人物であったようだ。戦前の慶應義塾大学（予科、本科）在学中に自動車やヨット部に入っていたのも注目の的に違いないが、がっしりした体型と両親譲りの美形で、十分に周りからのあこがれの対象であったことが想像できる。

昭和九年（一九三四）の慶應義塾大学経済学部卒業後は、二年ほど、父・之雄が経営していた岸和田の吉見紡績で社会人見習いをしていた。既に父亡き後のことである。昭和十二年（一九三七）には騎兵第四連隊に入隊し、この時に、満州で九死に一生を得る経験をしたようだ。翌昭和十三年（一九三八）七月に後方勤務要員養成所に入所し、翌年八月に卒業している。これが陸軍中野学校の第一期生である。その後、参謀本部第二部第五課（ソ連情報）所属を経て、昭和十五年（一九四〇）からヨーロッパに派遣される。同七月にはドイツ駐在日本大使館附武官室勤務、昭和十七年（一九四二）六月からポルトガル駐在日本大使館附武官室勤務となり、終戦はポルトガルで迎え、昭和二十一年（一九四六）にポルトガルから船で帰国する。第二次世界大戦中に欧州の日本大使館で勤務した数少ない一人であった。

福澤諭吉記念慶應義塾史展示館「二〇二三年資料展」では、ヨーロッパ滞在中に正之さんがスーツ姿でビリヤードをしている写真が掲示されていたが、それはあまりにスタイリッシュで、当時の活動を象徴するように思われた。日本の国策を左右する欧州情勢を探り、重要情報の収集分析に当っていたという緊迫感はあまり感じられないが、そういった遊びや社交を通して情報を得るというのが日常だったのではないだろうか。また、正之さんは英語、ドイツ語、ポルトガル語をはじめ語学に堪能で、絵画や音楽などヨーロッパの文化芸術面にも幅広く興味をもっていたことが残された書物や辞書からもうかがえる。仕事上必要であることはいうまでもないが、元来、勉強熱心で好奇心旺盛の人だったのだ。

帰国後は大成建設に勤務し、海外営業に尽力したが、心臓の持病のために台湾出張中に倒れて五十四歳で亡くなってしまう。当時、一人息子の博行さんは十八歳。年に八か月は海外方々に長期出張して家にいなかったので、父親とはあまり顔を合わせる機会がなく、一緒に遊んだり話したりという記憶はほとんどないという。

大成建設時代の宮川正之さんが、熊本・新屋敷の武田家に一人で来訪した時のことについて、はとこにあたる井上新さんは強い印象を残している。当時、高校一年生だった新さんは体育の授業で手首を骨折してギブスを巻いていたのだが、歓迎の食卓に並んだ寿司を正之さんが優しく取り分けてくださった。まさに「にこやかなジェントルマン」だったという。

余談ではあるが、大成建設時代には、赤坂の高級クラブ「コパカバーナ」でインドネシアのスカルノ大統領と根本七保子さん（デヴィ夫人）との出会いの場所に、正之さんも臨席していたらしい。日本外交や資金援助という政治的な場面に、大手建設会社が大きな役割を果たしていたことが垣間見られるエピソードだ。

一方、六蔵さんは慶應義塾幼稚舎から普通部を経て、高等部まで慶應で学ぶ。裏千家茶道の宗匠・亀山宗月の次男として、大正四年（一九一五）に東京に生まれたが、正座するのが苦手なのを理由にお茶の道に入ることをやめたのだという。慶應時代は水泳部、ヨット部、ラグビー同好会に所属するなど、明朗快活で馬力のある、運動神経に優れた青年であった。

慶應卒業後は、国産工業、日立製作所勤務を経て、昭和十二年（一九三七）に応召し、習志野騎兵第十五連隊に入営。陸軍騎兵学校幹部候補生隊で訓練を重ねて優秀な成績を修めるが、この騎兵隊見習士官の時に、義理の兄となる宮川正之と会う。陸軍騎兵学校卒業後、昭和十三年（一九三八）に後方勤務要員養成所に第一期生として入所。中野学校乙I長期学生の学生隊係長を経て、昭和十五年（一九四〇）、参謀本部第二部第五課（ソ連情報）勤務、後に日本公使館嘱託としてアフガニスタン・カブールへ派遣される。病気療養のために一時帰国するが、昭和十九年（一九四四）に大本営陸軍部に復帰し、第二部第八課第四班（謀略総括）勤務、さらに第十六方面軍司令部（福岡）参謀部情報班にて終戦を迎える。

戦後はリッカーミシンに就職し、社長室長、宣伝部長、財務部長を経て常務取締役業務部長を歴任。また、昭和五十二年（一九七七）には日本・アフガニスタン協会理事長となり、平成四年（一九九二）には同会長、平成九年（一九九七）には同名誉会長に就任した。

そもそもなぜ陸軍中野学校一期生に選抜されたかについて、長男の保さんは「『優秀ではあるが、型にはまっていない幹部候補生の採用』という中野学校の方針に偶然合致して、たまたま選抜されたように思われる」と、父を評する。後に子供たちの国際結婚も歓迎するようなオープンな人柄であった。遺品にはアフガニスタン駐在中に使用していたと思われる多くの辞書があり、ロシア語、トルコ語、ドイツ語の習得にも熱心に取り組んでいたことがうかがわれる。

「讃美歌を歌いたい」と、七十代で自宅近くのサレジオ教会でカトリックの洗礼を受け、平成十八年（二〇〇六）に九十歳で亡くなった時も同教会で葬儀が行われた。この最期の選択はある意味で彼の人生を象徴しているのかもしれない。

長兄の親友と結婚した文子さん

文子さんに八歳年上の夫となる亀山六蔵さんから結婚の申し入れがあったのは、文子さんがまだ十六歳の時であった。文子さんは女学校を中退し、家族で暮らしていた堺から東京へ移った。世界的に戦争の影が色濃くなってきたという時勢の影響もあったに違いない。亀山家から茶道の高弟の使者による結婚の申し入れを受け、また六蔵さんはベルリンにいる親友、宮川正之さんには電話でその報告をしたという。十代の文子さんにとってこの結婚は、信頼する兄の親友だから大丈夫という気持ちが強かったのではないだろうか。

先述した目黒のご自宅に伺った時も、その長兄、正之さんのことを実にうれしそうに話していた。「陸軍中野学校」という言葉は一切使わなかったが、戦前にドイツに行っていたこと、そこでポルトガルの大統領の姪のお嬢さんと懇意になって結婚を申し込まれたことなど、まるでおとぎ話のように話すのであった。憧れの兄がその人と結婚できなかったことをまるで惜しむような話しぶりだったのが印象的だ。帰国後には、慶応大学自動車部で一緒だった同級生の妹さんと結婚することになるのだが、文子さんの脳裏には、戦時中の疎開先である函館に、妹の嫁ぎ先の家の様子を見に来たその同級生の姿が焼き付いているようであった。
また、子供の頃、諏訪ノ森の家の周りや海岸などを飛び回って、きょうだいでよく遊んだことを懐かしそうに話す文子さんであった。六人きょうだいがとても仲が良かったのも、包容力のあった正之さんのおかげと話していた。

また、正之さんに心酔していたという夫の六蔵さんは、多趣味で社交的、周りから好かれる茶目っ気のあるお人柄であったようだ。熊本の細川護貞《もりさだ》氏（細川護熙《もりひろ》元首相の父上）とゴルフなどを通じ、夫妻ぐるみで親しくされていたことからもそれはうかがい知れる。細川護貞氏は『中近東想い出の旅日記――イラン・アフガニスタン・パキスタン・セイロン』（一九八四年・講談社）という著書があることもあって、きっとアフガニスタンの話題で意気投合したのではないだろうか。

ちなみに、六蔵さんの父・亀山宗月は、当時、関東に普及していなかった裏千家茶道の教室を東京に開いた人物だ。東京中央放送局（ＮＨＫの前身）で、なんと茶の湯のラジオ講座という前代未聞の放送を最初に行い、それを基に『茶の作法』（一九二八年、有精堂書店）を刊行。亀山宗月が実演しながらラジオで茶の作法を伝えるという公開放送は、大正十五年（一九二六）十二月から昭和二年（一九二七）六月まで九回にわたり、大きな反響を得たという。「一子相伝」「他言厳禁」といった旧来の因習から脱する革命的な取り組みであった。さらに宗月は、日興証券創立者・遠山元一邸（現・遠山記念館。二〇一八年に国の重要文化財に指定）の茶室や、国際基督教大学キャンパス内の茶室の設計、さらに立礼式（椅子式）のための電熱機を内蔵した机の設計を手掛けるなど、幅広く活躍している。

裏千家といえば、前項で述べた森光子さんは、裏千家十四代家元夫人の千嘉代子さん（十五代玄室の母）を、「母」と慕っていた。終戦直後の二年ほど、京都で療養中に嘉代子さんの私設秘書に雇われ、日本文化を学びに訪れる進駐軍にお茶を運んだり、また着物の上品な着こなしや礼儀作法を教わったらしく、なにか茶道が結ぶ見えない縁を感じさせる。


「インテリジェンスオフィサー」に関連して、もうひとつ、書いておかなければならないことがある。日本陸軍の祖、石光真清《まきよ》と石光家についてである。

石光真清は明治元年（一八六八）、熊本藩士・石光真民と守家の長男として、現・熊本市に生れる。その旧居は熊本に今もあり、以前は公開されていた。父の石光真民は妻の実家である栃原塾に入門していたが、その栃原塾を主宰していたのは、武田すま（武田元漸の妻）の父親である栃原知定で、その妹・守家が石光真民に嫁いでいる。これは『城下の人』にも描かれているように、少年時代を神風連暴動や西南戦争などの動乱の中に過ごし、陸軍幼年学校に入る。陸軍中尉で日清戦争に参加して台湾に遠征、ロシア研究の必要を痛感して帰国、明治三十二年（一八九九年）に特別任務を帯びてシベリアに渡る。日露戦争後は東京世田谷の三等郵便局長を務めたりしたが、大正六年（一九一七年）に起きたロシア革命の後、再びシベリアに渡り諜報活動に従事したという人物だ。

さらに、武田元漼の姉、多嘉が嫁いだ宮川家も石光家とは深いつながりがある。石光家が主宰していた「互礼会」などを通して、後年まで両家の交流は続いていたようだ。もともとは多嘉の夫、宮川又三の兄である宮川房之の五人の子どもの一人、佐家が、石光真清の兄である石光真澄（恵比寿麦酒の初代支配人）のところへ嫁いだことに起因する。多く残されている写真を見ると、宮川房之の妻、喜久子と多嘉は嫁同士、仲が良かったようだ。

ちなみに、石光真澄、真清の妹、真津子は橋本家に嫁ぐが、その五男が橋本龍伍（元大蔵官僚）で、同じく政治家の橋本龍太郎、橋本大二郎の父である。


誰のファミリーヒストリーにも、必ず戦争が登場する。私たち戦後世代は幸いにもまだ戦争は体験していないが、考えてみると母も祖母も戦争による時代背景が大きく人生に影響を及ぼしている。父も第二次世界大戦終戦時に二十二歳の、戦中派。兵隊として戦地に行くようなことはなかったが、東京外国語大学（スペイン語科）在学中にロシア語の暗号教育を受けたという話をしていた。ウクライナ、イスラエル・ガザと、世界で二つもの戦争が起こり、未来に向けてさらなる不安が広がるこの時、個人も国も、過去の歴史というものをしっかり凝視しておく必要があると思うのだ。未来をひらくものは「歴史」である。

宮川家の末娘・文子さんを中心に，右から光之，秀之，正之，節子，隆之のきょうだいが，大阪・浜寺の多嘉の庭で勢ぞろい（大正時代末期）

京都帝国大学時代の宮川之雄（明治42年（1909）5月10日撮影）

文子さんが「私の思う父のイメージに最も近い」と言った宮川之雄（後列右から2番目）の写る家族写真。前列右から2番目は宮川多嘉（大阪・浜寺にて）

陸軍中野学校第1期生として訓練中の宮川正之（右）と亀山六蔵（左）

三鷹の宮川家を訪問した祖母・キミ（右）と友子さん（左）（昭和44年（1969）頃）

ごきょうだいと共にいらした大雄山でくつろぐ文子さん（右）と母。共に60代か（平成の初め頃）

小田原にいらした文子さんと保さん親子（右）と筆者（2016年）

2020年夏，宮川之雄の孫たちと。左から，宮川博行さん，筆者，亀山保さん，修さん兄弟

追憶のエッセイ

祖母のバスケット

女学校時代のお箏の爪、帯留め、人形の和装コート……祖母の形見はいくつかあるが、中でも私が愛用させてもらっているのが、大正時代の籐のバスケットだ。

映画の中や、蚤の市などで時々見かける、蓋つきタイプのもので、当時は女性が旅行用のバッグとして使っていたものである。先日も、関東大震災直後におこった事件を題材にした映画『福田村事件』を観ていたら、女優の田中麗奈が日傘とこのバスケットを持った洋装姿で登場していた。

私の手元に来たのは、三十年程前だろうか。

両親が定年退職を機に武蔵小杉から小田原に移住した際、祖母の持ち物を整理したのだろう。骨董屋回りなど古い物好きな私のことだから、きっと尚子なら使うのではないかと差し出してくれたように記憶している。

これはアクセサリー入れにぴったりと、早速、おおぶりのネックレスや腕輪などお気に入りの数々が入ったケースなどを入れて、今日まで重宝して使っている。


最近、思いもよらず、このバスケットの現役時代と出会う機会があった。

それは曾祖父である武田元濂が大正十四年（一九二五）に書いた「北海道旅日記」の中でのことだ。長女である祖母の夫の重体の知らせを受けて、熊本からはるばる北海道空知郡砂川まで旅した約二か月の記録なのであるが、婿だけではなくまだ幼かった初孫も相次いで亡くなり、そのお骨や位牌をバスケットに入れ、生まれたばかりの母を連れて、残された家族で熊本にもどるという話である。「バスケット」というくだりで、私は、あ、あのバスケットだと気がついたのだ。

この旅日記のオリジナル元本は紛失しているが、まず祖母が昭和四十六年（一九七一）に転記し、またそれを母が平成十六年（二〇〇四）に転記した。祖母の字は達筆すぎるというか、崩し字が多すぎて私には判読不能と考えて、私のために母が転記してくれたのだ。それを私は二〇二三年一月から思い立って三回目の転記を行った。転記といっても私の場合はパソコンへの打ち込みである。ちょうど海外の空港で長い待ち時間があったので、その機会を利用しようと思ったのだ。読んだだけでは頭を素通りしていくようなものでも、書き写すという行為を通して見えてくるもの、感じるものが確実にあった。大正時代は現代の日本語にかなり近づいてきたとはいえ、明治以前の生まれである曾祖父の文章は句読点や改行もあまりなく、言葉遣いや送り仮名も現代とは異なっていて全体に難解ではあるが、地名や知っている人の名前を頼りに転記を進めると、おおよその意味は把握することができた。

おそらく、このバスケットはこの時だけではなく、まだ若かった祖母の人生を大きく左右する旅にいつも付き添っていたのではないだろうか。熊本から夫の赴任先である浦和、そこから関東大震災直後に北海道へと、長い汽車旅のそばにはこのバスケットがあったはずだ。

私自身は小田原に移住してから十五年近く経つが、かつての都心での生活と違ってあまりアクセサリー類を身に着けなくなり、このバスケットを開け閉めする頻度もごく少なくなってしまった。コロナ禍も一つの契機となり大好きな指輪もあまりつけることがなくなり、普段は金のピアスなど最小限になってしまった。それでも、私にとっては捨てられない大切なアクセサリーをしまっておく場所であることに変わりはないのだ。

三世代愛用の桐タンス

母が使っていた八畳の畳の部屋の片隅に、引き出し四段のシンプルな桐タンスがある。その上には、母をしのぶ、さまざまな時代の写真フレームがずらり。母の子供時代の家族写真もあれば、母が八十歳位まで続けていた「いとこ会」の集合写真もある。

一番右には、よちよち歩きの私を中央に、祖母、母と、武蔵小杉の家の玄関前で写った小さなモノクロ写真。三人とも着物を着ているのはお正月のせいで、写真の裏には昭和三十五年一月一日とあるから、妹が生まれる数か月前のもの。母、祖母と三人だけで写っている写真というのは他にあまり見当たらない。もちろん、この時代の記憶は私にはまったくないのだが、ああ、確かに、私がこの家にとっての「希望」であり、家族皆の愛情を一身に受けていたことが写真から伝わってくる。

この桐タンスは、母がセーターなど普段着を入れて日常使っていたもので、晩年の何度かの入院の際も、ここから下着などを自分で取り出して準備していた。もともとは祖母から受け継いだもので、おそらく大正時代、祖母のお嫁入りの時に購入したのではないかと思う。百年近く使っているものだから、全体がみすぼらしく黒ずみ、まさにボロボロ、ガタガタの状態で、引き出しの開け閉めもしにくくなっていた。

二〇一五年夏に母が逝ってまもなく、私はこの年季の入った桐タンスを使い続けるために、修理してもらうことにした。インターネットでじっくり選んだ業者は、東京の江戸川区からやってきた。タンスの状態を詳しく見た後で、削り直してからできるだけ自然な色合いにすること、持ち手などの金属のパーツは古いものをそのまま流用することなどを相談して決めた。

いろいろ話を聞くと、伝統的な桐の職人は家具に限らず、小物を入れる箱までいろいろあって、宮内庁をはじめ、注文が絶えることはないのだという。そういえば、美術品でもカステラでも、大切なものはだいたい昔から桐の箱に入っている。桐という素材は多湿な日本の風土には最適の素材で、大切な衣類の保管にこれ以上のものはないのだという。

それから十か月ほど、一年までは経っていなかったのではないだろうか。桐タンスは見事に生まれ変わって家にもどってきた。あの娘がこんなになってという、ちょっと気恥ずかしいような感慨を覚えた。最初は見知らぬお客のようだったが、日に日に馴染んで、今ではすっかり部屋に同化している。確か二十万円ほどかかったと思うが、その価値は充分に納得のいくものであった。

実は、我が家にはもう一竿、桐のタンスがあった。四段引き出しより年代が後の、おそらく昭和十年代の和装用タンスで、高さもあり大きかった。こちらは母もあまり使わずに物入れのようになっていたが、ある時に、母がスーパーに出張しに来ていた桐タンス修理業者に修理を依頼し、なんとも安っぽい雰囲気に仕上がってしまったのだった。そもそも母も私も着物を着ることはないので、結局は古道具屋にただで処分してもらう運命に終わった。後から「修理代三十万円」の領収書が出てきた時には腰が抜けそうになった。その苦い経験が教訓となって、もう一つの桐タンスがより大切な宝物になったのである。

今では、色とりどりのランジェリー、ナイトウエアやタオル、シルクのスカーフやニットのおしゃれ着、アンティークの着物やテーブルセンターなどを入れている桐タンス。ここには実用的なものとは少し違うなにかを入れるようにしている。

からしの湿布

私は食べ物にほとんど好き嫌いがないのだが、唯一、どうしても食べられないのがからしだ。ソーセージなどにつける西洋の粒マスタードはいけるのだが、いわゆる和からしが苦手で、おでんには付けないし、からし味の強いマヨネーズやドレッシングもだめ。熊本名産のからし蓮根などはもってのほかという感じ。

その源泉をたどると、子供の頃、風邪をひくと必ず母がせっせと用意していた「からしの湿布」にいきつく。黄色いからしの粉を湯で練って、さらしの布に塗り付け、布にはさんで胸に当てるという民間療法。病弱だった母も、子供時代は祖母からやってもらったようだ。いかにも呼吸器疾患には効きそうだが、あの強烈な臭いや鼻や目につんとくる刺激は、子供ながらにいやでいやでしかたなかった。

民間療法といえば、母の晩年、家で療養している頃に、「こんにゃく温熱療法」なるものを何度か母に施した。ぐらぐら湯を沸かした中で十分ほど茹でたこんにゃくを数枚のタオルで包み、うつ伏せになった腰の上に枇杷の葉を一枚置き、その上に乗せると体が芯から温まる。なんだか冗談のような光景かもしれない。癌にどれだけ効果があったかは分からないが、少なくともこれをした夜はトイレにも行かずにぐっすり眠れたと言っていた。ちなみに、こんにゃくは冷蔵庫で保存し、小さくなるまで何度でも使える。

これは、もう十五年ほど前になるだろうか、目黒の家から徒歩圏で行ける所にサロンを開いていたセラピストの友人から教えてもらったやり方だ。こんにゃく温熱は伝統的な東洋療法だが、枇杷の葉を組み合わせるところがユニークだろう。その人自身も言い表しがたいほどユニークな人であったが、彼女が話してくれることは生命の根源的なところで、すんなり自分の内側に入ってきたのだった。

今では、こんにゃく温熱にはすっかりご無沙汰しているが、相変わらず枇杷信者の私は、枇杷の葉から作ったエキスを希釈した化粧水をもう何年も朝晩使っている。枇杷の実は癌に効くと聞いた時は、母にかじらせたりしたのもいい思い出だ。医学的には邪道かもしれないが、こういうことも限度をわきまえていればいいと思っている。

枇杷の木を育てようと、十年程前に種からベランダの鉢植えを始めたが、なかなか思うようには育たない。ある年は実を収穫できるようになったかと思うと、今年などは葉が全部落ちてしまったり。それでも生き延びているしぶとさがこの木にはある。そこで枇杷の葉エキスを作る時は、庭に枇杷の木がある友人からいただいているのだが、最近はメルカリでも枇杷の葉を売っているので驚いた。

二十年近く一緒に過ごした祖母との思い出は、なんといっても「耳かき」だ。母のそれはちょっと雑で、時には痛かったりしていたのに対し、祖母はいつも優しくちょうどいいあんばいだったのだ。祖母の膝に頭を乗せている時間は気持ちよくて眠ってしまいそうなくらい、至福のときだった。その快感をおぼえて、なにかというと、祖母に「耳、やって」と甘えていたのを思い出す。

それもこれも、はるか昔の追憶になりつつある。

ささやかなスキンシップ

母は背が高くほっそりした体型で、皆にいつもうらやましがられていた。昔から写真ではたいてい後ろの方か端の方。ひとりで写る時も、片方の膝をちょっと曲げて体を斜めに向けるのが癖だった。背が高いのはそのうちに気にならなくなったようだが、ほっそりを超えてやせているのが悩みで、少しでもふっくら見せる服はないかと気にしていたのである。

なかでも細くて長い手は、私と相似形。一番よく似ていたのは、パーツでいうと手だったかもしれない。今、皺だらけになった自分の手を眺めながら、ゴツゴツと骨っぽく、血管が浮き上がっているのを母も気にしていたと思い出す。

体型は似ていても全く違っていたのは髪で、細くてコシのないネコ毛の私に対し、母はボリュームある髪質で、晩年は見事なグレーヘアがきまっていた。美容院まで行かれなくなってからは、家に美容師さんに来てもらったりもした。

一度だけ私が母のシャンプーをしたことがある。九十歳のお誕生日を祝った十日後、明日から入院という日のこと。それが自宅で過ごす最期の日となった。いつもは洗面台の前に自分で椅子を運び、前かがみになって自分で上手にシャンプーしていたが、それもできなくなっていたのだ。

母をハグできなかったことはいまだに後悔しているが、その代わり、手のマッサージはよくした。これは父に対しても同様で、病院や施設でベッドに横になっている父とはあまり話さなくても、手に触れることによって時間を共有していた。

始めは、スウェーデン生まれの緩和ケアである「タクティールケア」(〝触れる〟を意味するもので、患者の不安や痛みを和らげる補完療法)の本を参考にしながらだったが、そのうちに自己流にアレンジした。エッセンシャルオイルを入れたオイルを使って、手全体から始め、手の甲や手のひら、そして指一本一本ていねいに撫でるように触れていくと、気持ちよさそうにしてくれる。場合によっては顔もやさしくさするようにマッサージすると、眠くなるようだった。看護師さんたちにも「いい香りね」とよく言われた。五感のなかでともすると忘れられがちだが、触覚と嗅覚は大切だと思う。

人が生きる基本となるのは「食事」と「排泄」であることに異論がないだろう。介護にも常にこの双方がつきまとう。ある時、同級生の集まりか何かの時に、ふと「私は親の下《しも》の世話をしたことがない」と言って驚かれたことがある。親の介護経験者の多くは家庭内で当たりまえのようにしているのかもしれない。

母はプライドの高い人だったし、誰にも迷惑をかけたくないというのが信条だったから、きっと娘にはさせたくなかったに違いないし、最後の最後まで家では自分でしっかりケアすることができていたからその必要もなかった。

ただ、病院で亡くなる数週間前についにトイレに立ちあがることができなくなってからは、看護師さんたちにお世話になったのだが、それも母にとっては苦渋の思いがあったにちがいない。とくに、イケメン好きの母のこと、「アカバネ君」というお気に入りの看護師さんが下の世話をしてくれるのは耐えられないことだったようで、私にもその気持ちを吐露したが、私は「それはプロの仕事なんだから（心配しなくて大丈夫）」と答えるしかなかった。母の気持ちに優しく寄り添うことが足りない娘であった。

「うたさん」から「歌子さん」へ

いつからだったろう。私は両親のことを名前で呼ぶようになった。少なくとも、小学生までは「ママ」「パパ」だった。それが気恥ずかしくなったというのか、大人びたかったのか、いずれにしても両親と少し距離を置きたいお年頃になったという感じだろうか。両親からは子供の頃から（妹に対するのとは違って）ちゃんづけで呼ばれたことはなく、「尚子」。子供の頃はそれが不満でもあった。

最近になって、私が十代の最後の頃には既に母のことを「うたさん」と呼んでいたことが判明した。ずっとそう呼んでいたと思っていた「歌子さん」ではなく、「うたさん」。母が戸籍名の「うた」をあまり好きではないということが分かってからなのか、年齢と共に「歌子さん」の響きの方がふさわしいと思ったのかは分からないが、呼び方が自然に変わっていったのだろう。それを母も自然に受け入れていた。

母の晩年の三年を私は一緒に暮らした。それは私にとってかけがえのない時間であった。一人暮らしの長い私は、きっと一緒に暮らす「家族」を欲していたのだと思う。実際に母との生活は楽しいものであった。その間、毎日つけていた日記を読み返すと、その日、何を食べたかという話題を中心にしながら、母との二人の生活そのものが新鮮で、楽しんでいたことが伝わってくる。

考えてみると、中学一年、十二歳というまだ子供のような時に、寮生活のために親元を離れた。十五歳からは遠距離通学していたが、家で過ごす時間は自然と少なかった。その後、二十四歳で経済的にも自立して一人暮らしを始めるようになった私は、お互いに忙しく、母とじっくり向き合う時間がなかったといえる。家族四人のバランスの難しさもあって、家にはあまり自分の居場所がなかった。母自身も、かつてのやや神経質で細かいことを気にする母ではなく、おおらかに明るく、時には茶目っ気のある人に変わっていた。周りの若い友だちには慕われ、人々との交流を大切にし、そして何ごとにも好奇心旺盛でポジティブ。「こんな人だったのか」と新鮮な発見がたくさんあった。同年代に比べると、本当に若々しかった。

「バス停で、とてもすてきな奥様と会うのよ。いつもおしゃれな帽子をかぶっているの」

「今日は初老の男性がやさしく話しかけてくれたの。とてもおもしろい人だったわ」

そんな日常のささいなことでも、私は心から「よかったねえ」と返すことができた。宅急便や生協のドライバーのお兄さんたちとも仲良し。病院のリハビリの先生にはヴァレンタインデーのチョコレートを贈ったりしていた。


相変わらず、四角いスペースに斜めに物をしまったり、ポケットにティシュペーパーを入れたまま洗濯機に入れたりと、困ったこともたくさんあったが（反面、潔癖症なところも）、そういうこともゆるせちゃう。「歌子さん」には、一生懸命に生きている「かわいいおばあさん」というニュアンスも含まれているのだ。

父の方は「りょうじ（良二）」と呼び捨て。さすがに病院や施設などの人前でそう呼ぶのは気が引けるので、いつのまにか名前で呼ぶこともなくなった。

私自身は人から「武田さん」と姓で呼ばれるよりも、どちらかというと「尚子さん」「尚子」と名前で呼ばれるのが好きだ。非常に親しい友人でも、特に仕事を通じて知り合った人からは「武田さん」だし、とくに親しいわけでもなくても外国人からはファーストネームの「NAOKO」と、要は習慣の問題なのだが。

蛇足になるが、私は年下の男性でも決して「くん」とはいわないし、また姓を「ちゃん」づけで呼ぶのも好きではない。だからか、誰も私のことを「武田ちゃん」と呼んだことはない。年を重ねるとともに、「尚子さん」と呼ばれることがより多くなった。名の「さん」づけには年上の人に対する何かいたわりの気持ちもあるのかもしれない。

やはり、友人でも夫婦でも親子でも、お互いの名前で呼ぶのが対等な感じで好きなのである。

あとがき

この本の構想と執筆にあたり、私は母や祖母と深いゆかりのある土地を訪れた。

子供の頃から母に連れられて何度か熊本に行ったが、私が一人で熊本に行ったのは、母の死後、熊本大地震のあった二〇一六年の十二月と、二〇二三年五月だ。前者は地震のお見舞いと武田家家長の弔問を兼ね、後者はこの本の取材のため。熊本の親戚は皆とても優しく、貴重な資料を用意してくれるなど私をもてなしてくれただけでなく、武田家、上野家、徳永家、中島家、井上家と、関係する親戚のお墓参りにも同行してくれた。

この本で私がどうしても表現できなかったのは、熊本の言葉である。つまり方言、熊本弁の独特の節回しや間合、リズム感が無くては、熊本の空気を伝えることはできないと思うのだが、私はとても真似ができないし、再現ができないのだ。

「どぎゃんでんよかたい」

子供の頃に聞いた時のカルチャーショックは今も残っている。

くまもん効果もあって熊本のイメージもだいぶ変わったかもしれないが、熊本の魅力というのはやはり独特のローカル性にある。茶道肥後古流の例に顕著だが、そのある意味での閉鎖性には、私のように自由に生きてきたよそ者はどうしても立ち入れないという思いがあるのも現実である。

また、東京では中島家をはじめ、宮川家に連なる方々と親しくさせていただいた。亀山文子さんとの出会いに端を発し、息子さん世代の方々との交流がなくては、この本の第三章を書くことはできなかった。両親の入っているお墓と同じ、小平霊園にある宮川家のお墓、多磨霊園にある亀山家のお墓にもご一緒させていただき、三鷹の宮川家ではいろいろな遺品を見せていただいた。

さらには二〇二四年初夏には母の生まれた北海道も訪れ、その風土や伝統を体感する機会も持つことができた。


「あるファミリーにつらなる物語」を記録したいと思うばかりに執筆を続けたが、考えてみると私はその末端の外れの外れにいる人間である。母がかろうじて作った戸籍の端っこにぶらさがって、消えて無くなるのを待っているような、いや消滅するまでに何とか遺したいとあがいているような状況だ。

私がそもそも本流や主流にあまり興味がなく、いつもマイナーで周縁的なものに興味が向くのは、結局、この自分のバックグラウンドにあるのではないかと気がついた。

私は長年、ライターとして、内側の衣服、インナーウエアに関する分野を軸に仕事をしてきたが、それもファッション全体から見るとごく周縁に存在しているのに過ぎず、一般的に人にはあまり興味をもたれず、市場も小さいから、私のような仕事で生計を立てるにもアップアップしている。ビジネスおよびマーケティングの才覚に劣っているといわざるをえない。世の中でまだあまり評価されていないものに目を向けたいし、何事もカテゴライズされるのを好まない。結局は人と競争するのが苦手なのである。

家や時代に翻弄され、二度の結婚をした母と祖母に比べると、私は波乱万丈とは対極の人生を送っている。母と祖母、二人とも、十六〜十七歳で大きく人生が変わったことも今回の発見であった。ちょうどその同じ年代に当たる私が高校一年の時の、「我家の百年の歴史」はこのように締めくくられている。

百年の歴史を書いたことによって学んだことがたくさんある。今の生活は全て本当に便利になっているし、私が生まれてから今までの生活を考えてみても特別に不幸な事はなかった。それぞれの世の中でいろいろな人がその人なりに生きていった歴史に続く私たちの使命を思わずにはいられない。まず今は毎日の生活を真剣にすごし勉強していく事だと思う。

何とも稚拙でお気楽で、我ながら少しも進歩をしていない。祖母、母の時代と大きく異なるのは、日本という国のまさに高度経済成長期と共に、非常に自由で恵まれた人生を歩んで来ることができたということである。

それにしても、片付けや整理が苦手で、私からずいぶんきついことを言われたあの母が、よくいろいろなものを遺しておいてくれた。

母の亡くなった二〇一五年は、わが一族にとっては大きな節目であったように思う。親戚の中でも母が一番仲の良かったロサンジェルス在住の従伯父（いつも冗談ばかり言って母や私たち家族を笑わせてくれていた）の死は、病床の母には伝えなかったが、その後、九十代以上の親戚が次々に旅立たれた。あの世はさぞかし賑やかなことだろう。

家で闘病している時に、母にこんなことを聞いてみたことがある。

「どこか行きたい所はある？　もう一度、熊本に行きたい？」

母はすかさず、首を横に振った。母にとってはもう天国に行くことしかのぞみがなかったような気がする。

最後にもう一つ、忘れてはならないと思うのは、人というものは決して他言しないことがあるということだ。ほとんど自分を語らなかった祖母はもちろん、多くのことを書き遺した母でさえ、さらに秘めたことがあったはずで、あらゆる人はそういうものを抱えながら生きているのだ。私もここにすべてを書いたわけではない。歴史というのはそういう余地を残している。

故郷も家族もなく、特定の組織にも属さない私は、最後にどこに帰っていくのだろうか。あらゆるものから自由でいたいという欲求が強い者の当然の試練であろう。それをしっかり自分で見届けなくてはならない。

巻末の「追憶のエッセイ」は少し異なる切り口となっているが、これはこの本が産みの苦しみをしている時、相談にのってくれた旧知のある随筆家が以下のような助言をしてくれたことを受けたものだ。

「研究と検証が柱になったジャーナリストの書く文章と、エッセイストの書く文章は根本的に違う。武田さんももっと自分のことを書いてみれば？　武田さんの書くエッセイも読みたいな」

全体はドキュメンタリーとしての読み物でありながら、あくまで自分を軸にしたエッセイの要素も意識して全体にちりばめたつもりである。特に第三章のはじめのくだりは、この本の企画が定まりもしていなかった当時から書き留めていたものがベースになっている。

「一家族、一個人の来歴という以上に、さまざまな意味で興味深い企画」と、すくいあげてくださった水声社・鈴木宏社主に心より感謝しています。

そして、スムーズに仕事を進めてくださった編集の板垣賢太さん、装幀の齋藤久美子さん、ありがとうございました。一冊の本として産み落とすことができたことは感無量です。

著者について——

武田尚子（たけだなおこ）　一九五七年、神奈川県川崎市に生まれる。自由学園卒業。ボディファッション（インナーウエア）業界専門誌記者を経て、一九八八年にフリーランス・ライターとして独立。内側の衣服に関する国内外の動向を見続けながら、ファッション・ライフスタイルからアートまでのトータルな文化的視点で情報を発信している。パリを中心とする定期的な海外取材は一九八七年から三十五年以上に及ぶ。東京都目黒区在住三十年近くを経て、二〇一〇年に神奈川県小田原市に移住。五十歳を過ぎてからは、大学時代に取得した図書館司書の資格を活用し、図書館、書店勤務を経験。さらに小田原市図書館評議会委員を経て、図書館でのトークイベントなどにも登壇している。主な著書に、下着デザイナー・鴨居羊子の評伝『鴨居羊子とその時代——下着を変えた女』（平凡社、一九九七年、新装版二〇一一年）、『フランス十二ヵ月の贈り物』（水声社、二〇〇一年）、『もう一つの衣服、ホームウエア——家で着るアパレル史』（みすず書房、二〇二一年）がある。

装幀——齋藤久美子

女三代の「遺言」——あるファミリーにつらなる物語

二〇二四年一〇月二五日第一版第一刷印刷　二〇二四年一一月一〇日第一版第一刷発行

著者——武田尚子

発行者——鈴木宏

発行所——株式会社水声社

東京都文京区小石川二—七—五　郵便番号一一二—〇〇〇二

電話〇三—三八一八—六〇四〇　FAX〇三—三八一八—二四三七

［**編集部**］横浜市港北区新吉田東一—七七—一七　郵便番号二二三—〇〇五八

電話〇四五—七一七—五三五六　FAX〇四五—七一七—五三五七

郵便振替〇〇一八〇—四—六五四一〇〇

URL：http://www.suiseisha.net

印刷・製本——モリモト印刷

ISBN978-4-8010-0825-0